叶颖颖 ◎ 著

海外汉语教师指南
语言与文化篇

Sinolingua
华语教学出版社

First Edition   2018

ISBN 978-7-5138-1470-6
Copyright 2018 by Sinolingua Co., Ltd
Published by Sinolingua Co., Ltd
24 Baiwanzhuang Road, Beijing 100037, China
Tel: (86) 10-68320585   68997826
Fax: (86) 10-68997826   68326333
http://www.sinolingua.com.cn
E-mail: hyjx@sinolingua.com.cn
Facebook: www.facebook.com/sinolingua
Printed by Beijing Jinghua Hucais Printing Co., Ltd

Printed in the People's Republic of China

前　言

学习或教授一门新的语言，都是一个自我进化的过程，也是获得一种新的思维方式的过程，有助于我们自我完善，更加理解多元的世界文化。学习和教授汉语同样如此，这和汉语的历史沉淀，和中国千年的文化密不可分。作为一名国际汉语教师，要把自身的语言和文化传播出去，让更多的人认识和理解我们，我时时感受到自己的使命和责任，但又深知，这条路任重而道远。

最开始想写这本书，是想梳理一下自己这些年的国际汉语教学经历。我从美国到中国再到英国，从公立学校到私立学校，从小学到初中、高中、大学和成人，基本上所有阶段的教学对象都教授过，也体会到了国内外汉语教学的差异。在国外，我总是作为开拓者，在当地开展汉语教学工作，很多经验都是一步一步从无到有、脚踏实地积累出来的。我遇到过不少问题，但是也取得了不错的成绩，所以也想把这些经历同大家分享，和大家交流，携手并进，把国际汉语教学做得更好。

为便于读者参考使用，我将写作内容分为两册：《海外汉语教师指南（教学与管理篇）》《海外汉语教师指南（语言与文化篇）》。这两本书适用于广大有志于从事国际汉语教学的读者，尤其是想要从事海外汉语教学的人们，以及走向海外的汉语教师志愿者和汉语教师。本书作为一个具体和实用的教学蓝本，对汉语教师来说具有积极的参考作用。

本册《海外汉语教师指南（语言与文化篇）》主要包括语言和文化两方面的内容，是对我第一线海外课堂的语言教学和文化教学经验的总结。我把语言和文化相互融合，并参考了学生学习过程中遇到的实际问题，结合具体教学内容和实际教学方法，比较详细地展现了海外汉语课堂的教学需求。

　　我要特别感谢我的父亲母亲，感谢他们一直以来对我无条件的关爱和对我工作的极大支持。同时，我要感谢华语教学出版社的韩颖女士，她认真负责的态度、敏锐的行业眼光，促使了本书的出版。我还要感谢本书的责任编辑李婷晓女士和英文编辑吴爱俊先生，他们辛勤的编辑工作，让本书顺利同大家见面。希望本书能够帮助到正在从事和有志于从事国际汉语教育事业的朋友们。欢迎大家一起探讨教学经验，不妥之处请批评指正，共同进步。

叶颖颖

2017 年 12 月　于英国

目　录

语言篇

概述
基础汉语语言课怎么上？

　　语言的学习，是一个长期积累的过程。学生若能有一个好的开端、打下扎实的基础，就可以为以后长远的学习做更好的铺垫。国外很多学生都是从零基础开始学习汉语的，对汉语并没有清晰的概念，所以老师的教学和引导尤为重要。学生们都喜欢劳逸结合、快乐而高效地学习，老师如果能用学生最能接受、最容易理解的方式传达知识，将达到事半功倍的效果。学习一门语言，也是学习一种思维方式，老师在教学中通过对比参照，能让学生清晰地理解两种语言在思维上的不同。

　　我通过个人的教学实践和探索，在学生各方面反馈的基础上，不断改进，不断积累，总结出一些学生比较喜爱和有效的讲解及练习活动方式。我结合实际生活学习运用，设计了十个基本话题，并以西方菜单为形式，以汉语文化知识为内容，中西结合，作为教学总体思路，用"餐前菜""主菜"和"饭后甜点"来分划知识点。我有意将讲解兼顾操练，同时结合新的知识点延伸，并搭配符合该主题学习的有趣练习。

　　课堂上，我会根据教学对象的不同，有选择性地制作一个学生版本的"菜单"发给学生。学生们每一次拿到"菜单"都会很兴奋，就像到了餐厅一样，迫不及待要看看菜单上有哪些有趣的内容。

一、餐前菜

餐前菜主要是作为正式上课之前的调节或引导，相当于西方人吃主菜前要先提一下胃口。餐前菜可以加入寒暄、背景文化知识介绍、故事叙述或复习等内容。文化和语言的交融会使得课堂更加生动有趣，因为汉语本身和文化有着很强的联系。

二、主菜

主菜是一顿饭里的主要部分，也就是这一话题的语言学习里最重要的内容，包括词汇、语法、句型、对话等，增加的词汇或短语可以放过主菜的 side（扩展）部分，供补充学习时选择，清楚明了。我把语言教学内容大致分为三个部分：生词的学习、句型和语言点的学习，以及课文对话的学习。这三个部分是不可分割地联系在一起的，每一个部分的学习中都贯穿操练和丰富的练习活动。我通常运用的基本方法有以下四个方面。

1. 资料运用：PPT、图卡、词卡、音频、视频、实物等。

2. 呈现方式：大致分为图片法、情景举例法、实物道具法和现场演示法。

3. 词汇的讲解：老师可先带领学生认读生词，熟悉发音及字形，了解词意。当学生对生词有了初步印象之后，老师再串讲生词，帮学生领会用法，加深记忆，这样效果更佳。在串讲的同时，老师可以结合语法知识和例句来讲解，因为有些生词本身就是一个语法点，并且生词的讲解离不开例句，有句子就会有语法、句型，重要的语法可以单独提出来强调并加以练习。老师举例时可多用自身或周边发生的事，这样既真实，又令人印象深刻，学生学起来容易记忆，还能结合实际运用。

4. 语法的讲解：老师可以采取论证法或演绎法，并做对比参照，也可以采取图片法、情景举例法、实物道具法和谈话法等多种讲解方式，还可以采用类似数学推算法的方式训练学生，并锻炼学生猜词和翻译、运用的能力，有利于语言能力的提高。老师在讲解的同时加入操练，可以加深学生印象，提高学习效率。

其实老师教学重在多和学生沟通，了解学生们的特点和需求，及时调整自己的方式和状态，通过简单易懂的讲解和有效的操练及活动练习，以达到学以致用的目的。

三、饭后甜点

我把课堂练习活动归拢在了**饭后甜点**部分。虽然饭后甜点在最后，但它是非常重要的一个部分。很多人说，主菜吃饱了哪里还能吃得下甜点。其实，好的餐厅和好的厨师会把食物分配得很好，三盘菜分量不多也不少，味道也不错，吃完恰到好处。老师上课也一样，课程时间的安排要细致，让学生能吃得下甜点，吃完能满足，又有一点回味，下次还想吃。

需要注意的是，对于海外的初级学生来说，如果老师完全用汉语教学，那么学生学习起来会比较吃力。尤其是中学及以上人群，他们比较善于思考，注重理解，但这并不代表老师要大量使用英语作为媒介语来教学，相反，老师应当尽量多为学生创造使用汉语的条件，包括课堂用语、教师指令、互动交际等。每当学生学会一个知识点，老师就可以规定，以后都要用所学过的汉语知识来表达。老师要尽可能多地鼓励学生使用汉语。但在讲解语法的过程中，老师适当地使用英语是必要的，这易于学生的理解，也有助于帮助学生解答疑惑，并且有助于学生了解汉语和英语的异同。正如我一直所说的，学习一种语言，其实是学习一种思维。

由于本书的篇幅关系，我在这里就呈现最基本的五个语言教学主题，分别为人、国、数、家和买，由此展现具体的教学内容和方法。每一个主题都有很多内容可讲，老师可以根据教学对象和课程设置来选择具体教学内容，灵活运用，抓住重点。最重要的是掌握方法，像唱诵优美的歌曲一样，把握好教学的旋律。

小贴士

*老师可以根据实际教学情况，灵活运用教授内容和方法。

*练习活动部分，老师应当用简单清楚的表达传达口令，也可以用亲自示范的方式传达。

*主题学习中，老师可以根据教学安排，将"饭后甜点"部分的内容穿插到操练环节，活学活用。

*老师在课堂上提问或解释时，有学生可能做不到马上反应，老师可以再用所学汉语放慢速度重复。老师一定要有耐心，尽量不要用媒介语，以培养学生使用汉语的习惯。

Starters/Appetizers

餐前菜（开胃前菜）
Cān qián cài （Kāiwèi qián cài）

刚开始学习一门语言时，老师要交代的内容会比较多一些，这也是为学生打下扎实的基础做好铺垫。第一次进入主题课时，我的餐前菜主要是以下几种，老师可根据不同的教学对象选取相应内容。

一、介绍普通话、官话和方言Putonghua, Mandarin and Dialect

很多人对 Chinese（汉语），Putonghua（普通话）和 Mandarin（官话）分不清。刚开始上课的时候，老师可以先简要介绍一下汉语这门语言，如汉语又称华语、中国话、中文等，一般译为 Chinese，是中国的通用语言，也是联合国六种工作语言之一。汉语有标准语和方言之分，普通话（Putonghua）是现代汉语的标准语，以北京语音为标准音，以北方话为基础方言。在近代及以前，汉语标准语称为"官话 (Mandarin)"，现在这种叫法已经过时，被"普通话"取而代之。除了我们学习的现代标准汉语普通话外，中国还有其他各种方言。老师可以介绍一下我国的几个主要方言区。

七大主要方言区 The Seven Major Chinese Dialects	
方言（fāngyán）Dialect	主讲区域 Main Region
北方方言（běifāng fāngyán）Northern	长江以北广大地区 north of the Yangtze River
吴（wú） Wu	上海、安徽东南部、江苏南部和浙江主要地区 Shanghai, southeast Anhui, southern Jiangsu and major areas of Zhejiang
湘（xiāng） Xiang	湖南 Hunan
赣（gàn） Gan	江西和湖北东南部 Jiangxi and southeast Hubei
客家（kèjiā） Hakka	两广、江西、福建、台湾等地 Guangdong, Guangxi, Jiangxi, Fujian and Taiwan
粤（yuè） Yue	广西东南部、广东、香港和澳门 southeast Guangxi, Guangdong, Hong Kong and Macao
闽（mǐn） Min	福建、台湾、海南、浙江南部和广东潮汕一带 Fujian, Taiwan, Hainan, southern Zhejiang and the Chaoshan region of Guangdong

📝 **小贴士**

如果课堂时间不充足，老师可以将相关内容以学习资料的形式发给学生课后阅读，下堂课时老师再以课堂提问的形式检测学生是否掌握。

二、介绍中国姓氏 Chinese Family Names

姓名是一个人的身份表达的基础。换句话说，一个人自我介绍的第一步，是让别人知道你的名字，这就一定会涉及中国的姓氏。

老师可以从提问开始，卖个关子，先问问学生知道哪些著名的中国人名或姓氏，从而可以展开介绍中国很有名的《百家姓》，最好列举几个《百家姓》中广泛使用的姓氏和相关的名人，如：张、王、李、刘、陈等，用实例向学生解释。

老师可以介绍一下中国姓氏的悠久历史。中国五千年前就有姓氏了，母系氏族社会时，人们只知有母亲，不知有父亲，所以汉语里的 surname/family name 称为"姓"，汉字"姓"是"女"加"生"，可形象地说明，姓跟母亲有关。到了父系氏族社会之后，女人出嫁后都随夫家姓，而当今中国女人结婚后却不用更改姓氏，可见姓氏文化同时代和社会发展的关系。

中国人的姓氏放在名的前面，而不像西方人的姓氏放在名的后面，并且中国人没有中间名（middle name）。老师可以自己的姓名结构和寓意为例，让学生从具象的解释中获得一个更加清晰的概念。如果老师了解一些姓氏的由来或者传说，给学生讲讲故事也是不错的选择。我所教成人班的学生中，就曾有人问到汉语姓氏的由来，如："叶老师，你的叶姓是怎么来的？有什么特殊的意义吗？我们西方姓氏里，就有一些姓氏有着特别的历史寓意。"如果老师能给他们讲讲相关的故事，学生们会听得津津有味，就更加有兴趣学习了。老师们应该了解一下自己的姓氏和一些主要姓氏的由来，注重平时的积累，到有用之时，自然能发挥很好的作用。

✏️ **小贴士**

避讳 中国的姓氏人名在历史上有一个特殊的文化现象，那就是避讳：避免用到与长辈名字相同的字。这与西方文化正相反。西方人往往要把祖父、父亲等的名字放在自己的名字里，以做纪念,如英国女王的名字：伊丽莎白·亚历山德拉·玛丽·温莎，但在中国文化里却讲究避讳。

称谓 中国具有五千年文明史，素有"礼仪之邦"之称。中国人对称呼的礼节也特别注意，如中国人第一次见面时一般先问姓，然后把姓氏加在先生女士前面，比如王先生、叶女士，作为称谓。中国的称谓礼仪有很多，老师可以根据情况一一介绍。

三、以故事开篇 Start with a Story

会讲故事，是一名国际汉语教师应当具备的能力。谁不喜欢听故事呢？尤其当学生年纪较小时，老师若想要抓住活泼好动的孩子们的注意力，讲故事的方式会比较有吸引力。学生也曾告诉我说，他们喜欢听故事，听故事学习时他们会把知识记得更牢靠。

中国有很多的成语故事，老师可以从一个成语故事讲起。我通常喜欢用一个很有意思的成语故事"马马虎虎"来开篇，先给学生看一幅图：

学生看到之后就开始叽里呱啦讨论起来。我就问学生，这是什么？学生一头雾水，随之便猜测起来，有说像老虎的，有说像马的，还有的在笑。我说，请大家先听我讲一个故事。于是我就用英文，深情并茂地讲了"马马虎虎"这个成语故事。学生听完之后豁然开朗。我也借此重申对学生的要求，反问学生，学习一门语言，用"马马虎虎"这种态度可以吗？那样你可能会把"妈"叫成"马"了。我会进一步启发学生，你也不希望当别人问你"你的汉语怎么样"的时候，说自己"马马虎虎"吧？我们都想让别人夸我们的汉语说得"很好"，对不对？所以，让我们一起来好好学习汉语，快乐有效地学习汉语。由此，我们便可以进入下一个学习环节。

Main Course

主菜

Zhǔ cài

一、词汇 Vocabulary

你	nǐ	you	pron.
好	hǎo	good	adj.
很	hěn	very	adv.
高兴	gāoxìng	happy/pleased	adj.
认识	rènshi	know/meet/be acquainted with	v.
叫	jiào	be called/call/be known as…	v.
什么	shénme	what	pron.
名字	míngzi	name	n.
请	qǐng	please	v.
问	wèn	ask/inquire	v.
也	yě	also/too	adv.
老师	lǎoshī	teacher	n.
贵姓	guìxìng	surname (honorable)	n.
学生	xuésheng	student	n.
这	zhè	this	pron.
那	nà	that	pron.

二、对话 Dialogue

对话（一）

A：你好！玛丽。

B：你好！杰克。

A：你好吗？

B：我很好，你呢？

A：我也很好！谢谢！

对话（二）

A：你好！

B：你好！

A：请问您贵姓？

B：我姓叶。

A：叶老师！您好！

B：你好！你叫什么名字？

A：我叫马丁，很高兴认识你。

B：很高兴认识你。

- 老师先领读并讲解大意，学生有问题可提问，老师做补充。
- 学生齐读，然后分组朗读，再分角色朗读，最后抽取学生朗读。
- 老师根据对话用汉语提问，学生用所学汉语知识回答。
- 分组练习并表演。学生把所学的东西都熟悉以后，进行分组练习，最后请学生上台表演。如果时间充裕，学生又不是很多，可以全部都表演；如果时间充足，并且学生很多，但是学生都比较紧张害羞，老师可以参考他们的意愿，有活跃的学生更好，没有的话，老师可以首先选择比较放松、不是很害羞的学生，或者采用名册轮流式规则，根据名册顺序来表演；如果举手参与的人很多，而时间有限，老师可以解释，很高兴看到大家都那么活跃，大家都很棒（鼓励学生，不要打击学生积极性），但是时间有限，所以采取抽签方式，每个人发一个数字牌，抽签来决定比较公平。老师要尽量照顾到每一名学生，给予每一名同学练习的机会。

扩展

谢谢！Thank you.	不客气。You're welcome.
对不起！Sorry.	没关系。It doesn't matter.
再见。Goodbye./See you.	早上好！Good morning!
下午好！Good afternoon!	晚上好！Good evening!
晚安！Good night!	

三、主要语法点 Grammar Points

1."吗"的用法	2."我很好"句型	3."呢"的用法
4."也"	5."什么"的用法	

四、课堂教学提示 Teaching Tips

词汇和语法 Vocabulary and Grammar

> 📝 **小贴士**
>
> 　　名词的学习相对简单，通常老师用图片或事物便能诠释清楚。而很多动词、形容词等，和语法点是紧密联系在一起的，放在一起讲解更加清晰。

1. 名词

老师 teacher: 借助图片和卡片讲解。

学生 student: 借助图片和卡片讲解。

名字 name: 借助学生或老师自己的名字讲解。

2. 人称代词

你 nǐ ⎫ you

您 nín（正式或尊称）⎭ you (formal or honorable)

人称代词 + 们　变成复数（plural）	
我 wǒ　I/me	我们 wǒmen　we/us
你 nǐ　you/you	你们 nǐmen　you/you
他 tā　he/him	他们 tāmen　they/them
她 tā　she/her	她们 tāmen　they/them
它 tā　it/it	它们 tāmen　they/them

实际运用过程中，他、她、它的发音相对容易掌握，因为它们的发音都一样。令我惊讶的是，学生经常会分不清楚"你"和"我"，就像我们时常会把英语里的 she 和 he 混淆，老师要注意纠正。当我的学生犯错时，我会借助英文帮助他们记忆："你"发音像 knee，所以你的膝盖就是你！你记不住 you 是"你"还是"我"的时候，想想你的 knee!

3. 吗

给出句子：你好吗？ How are you?

↓

你好吗？ Literally: Are you good? 其意义是 How are you?/How do you do?

先学习：你好 您好

↓

（lit.）You good. ⟶ Hello.

操练

学生齐读"你好"，然后以个人为单位分别向其他同学说"你好"，最后一起向老师说"您好"。

讲解

Example 1: 你好。Hello. ⟶ 你好吗？

↓

You good?（question）⟶ Are you good?

↓

Equal to the English greeting: How are you?

Example 2: 他叫迈克吗？

他叫迈克。He is called Mike.

动词 叫　be called/call

My name is Jack. ━━━▶ I'm called Jack.

我叫杰克。

他叫迈克吗?

He is called Mike?（question）━━━▶ Is he called Mike?

所以，"吗"疑问助词"吗"表示疑问语气，放在陈述句句末，使句子成为一个一般疑问句。如：

他叫迈克。He is called Mike. ━━━▶他叫迈克吗？ Is he called Mike?

英文里是直接把 be 动词提前到主语前面，而汉语里是直接在句末加上"吗"。

例如：

你好吗?　　　　　　　　　　你叫杰克吗?

她姓李吗?　　　　　　　　　　你是老师吗?

(操练)

老师提问全部学生或个别学生，学生互问。

4. 我很好

该句里涉及几个重要的词。

形容词 好　good

你好。你好吗?

形容词 高兴　glad/happy：你高兴。我高兴。

很高兴认识你。

Literally: Very happy to meet you.

Nice to meet you.

动词 认识 meet/know/be acquainted with

Very nice to meet you. ➡ 很高兴认识你。

I know him. ➡ 我认识他。

副词 很 very

I'm very good.　　You are very happy.

⬇　　　　⬇

我很好。　　　你很高兴。

"我很好。"在英文里是 I'm very good 的意思，很多以英语为母语的学生经常犯一个错误，会说成："我是很好"。

这个句型是一个形容词谓语句。形容词可以用在 主语＋程度副词＋形容词 这个结构中，描述人或事物的性质或状态，程度副词经常用"很"。否定形式为 主语＋不＋形容词。例如：

我**很**好。

他不好。

I'm good. 在汉语里的回答是："我很好"。但是汉语里并没有表达出 am. 因为，汉语里的 to be 的表达方式和英文里的不完全一样，不是任何时候都能等同。英语里面用 be 动词表达的时候，汉语里不一定用"是"表达，比如 I'm very good，汉语里就没有用"是"表达，我们叫作形容词谓语句。老师可以举例帮助学生理解为汉语里的一些形容词兼有动词的功能，以免学生养成总是用"是"的习惯。

I am good.

我是好。X（错）

In Chinese…

Adjectives have the function of verbs.

如：good ＝ be good

　　　pretty ＝ be pretty

　　　busy ＝ be busy

延伸"很"的用法：

I am good.

"很"在英语里是 very 的意思，但是在汉语里还时常起到平衡句子的作用，如：

　　　(lit.) I ？ good. → 我 ？ 好

　　　很（to provide a rhythm balance, to serve as sound filler）

　　　very

⟶我很好。

She is pretty.

很

⟶她很漂亮

I am tired.

很

⟶我很累。

I am busy.

很

⟶我很忙。

否定 Negative: 不

她不漂亮。She is not pretty.

我不累。I'm not tired.

我不忙。I'm not busy.

老师提问全部学生或个别学生；学生互问。

5. 呢

句子 1：你好！我叫杰克，你呢？

意思：Hello! I'm called Jack. And you?

句子 2：你好，我叫安娜。你呢？

意思：Hello! I'm called Anna. And you?

所以，"呢"用在名词或代词后构成疑问句，用于询问上文提到的情况，常用句式：A······，B 呢？译为 And...? What about...?

如：我叫玛丽，你呢？

我很好，你呢？

老师提问学生；

学生用所学内容"你好吗？我很好，你呢？"互问互答；

学生用所学内容"我叫杰克，你呢？"互问互答；

学生分组综合练习以上两项内容。

6. 也

你好吗？

我很好，你呢？

我也很好，谢谢。

↓

also：用来表示相同的情况

如：我也是老师。

　　我也叫大卫。

（操练）

老师提问学生；

学生用所学内容"你好吗？我也很好"互问互答。

7. 什么

疑问代词"什么"表示疑问，用在疑问句中可直接做宾语，或者与后接名词性成分一起做宾语。例如：

你叫什么名字？

这是什么？

（讲解）

你叫什么名字？

（lit.）You are called what name? ⟶ What is your name?

疑问代词可直接做宾语，如：这是什么？

也可与后接名词性成分一起做宾语，如：你叫什么名字？

（操练）

老师向学生示范，比如：你叫什么名字？我叫杰克；

老师提问学生；

学生相互问答。

（扩展操练）

把主语换成别的代词，如"他叫什么名字"；

老师向学生示范，问学生另一个学生的名字；

老师提问学生；

学生分组相互问答。

8. 请问您贵姓？

动词　请　please

Please sit. ──────▶ 请坐。

　　　　　问　ask

I ask you. ──────▶ 我问你。

〔操练〕

老师提问学生；学生互问。

请问 ──────▶ may I ask

姓 surname：您贵姓？我姓叶。

（"贵"在这里是尊称。中国人自古讲究礼仪和尊重，所以一般都用敬语尊称对方，此处询问的时候就在前面加上"贵"字表示尊敬。同时，中国人也是强调谦逊的，所以回答自己的姓的时候不会抬高自己，会免掉贵字，直接回答，如：我姓叶。有时候人们还说：免贵姓叶。）

〔操练〕

老师提问学生；学生互问。

〔总操练〕

双人互问（学生们两人一组，相互用该节所学汉语知识进行自由提问）。

Dessert
饭后甜点
fàn hòu tiándiǎn

一、课堂练习与活动 Exercises and Activities

✎ **小贴士**

*西方的学生比较喜欢有竞争性的游戏活动，老师可以借助该心理，变换练习的形式，以训练语言运用为目的，为学生营造轻松愉快的学习氛围。

*练习与活动的设置，最好从易到难，这样既能有效达到练习的目的，又能让学生心理上比较容易接受。

*老师的指令一定要清楚易懂，这有助于练习活动的顺利进行。

（一）听老师朗读下列词语，并根据所听到的词按顺序填入括号内

你　　我　　他　　我们　　你们　　他们

（　　）（　　）（　　）（　　）（　　）（　　）

（二）汉英搭配

老师把没有英文翻译的生词发给学生，要求学生把正确意思填写在空格处，达到复习巩固的目的，同时把所学词汇组成句子。

你好	nǐhǎo	
再见	zàijiàn	
高兴	gāoxìng	
认识	rènshi	
叫	jiào	
什么	shénme	
名字	míngzi	
老师	lǎoshī	

（三）对话搭配

老师把每一句对话写在不同的纸条上，随机分发给学生或让学生抽签，然后让学生寻找和自己手中纸片配对的答案。配对的时候，学生需要向他人读出自己手里的句子，但不能让别人看到自己手中的卡片，直到找到正确的配对答案为止，看谁最先完成。

1. 你好！   A. 我叫迈克。

2. 请问您贵姓？   B. 很高兴认识你。

3. 你好吗？   C. 我很好，你呢？

4. 你叫什么名字？   D. 你好！

5. 很高兴认识你。   E. 我姓王。

（四）看图猜词抢答游戏

老师根据学生人数，将学生分为两组或三组不等。老师随机分别给出以下图片，让每组学生抢答，用汉语说出词语或短语。学生每说对一个获得一分，看哪一组得分最多。

高兴 gāoxìng

名字 míngzi

老师 lǎoshī

学生 xuésheng

叫 jiào

你好 nǐhǎo

（五）翻译训练营

老师把需要翻译的句子各写在不同颜色的纸上，折叠好，然后让学生抽取其中一张。学生将抽取到的英语句子翻译为汉语、汉语句子翻译为英语。如果抽到的是一个问题，学生翻译之后还需要用汉语回答。

Hello. 你好。

Good morning. 早上好。

Good night.	晚安。
Nice to meet you.	很高兴认识你。
Thank you.	谢谢。
How are you?	你好吗？

（六）看表演编对话

老师先选择两名学生，把事先准备好的对话卡片给他们看，然后这两名学生按照老师所给的对话进行表演，要求表演时可以夸张地表现口型或进行肢体表达，但是不能出声。其他同学分为两人一组，根据表演，编出自己的对话，看哪一组最接近表演的对话（老师可以准备不同的对话，各组轮流表演和编对话）。

（七）掷骰子

老师做一个大骰子，骰子的各个面画上展示的都是当天新学词汇的意思。老师掷骰子，学生根据图片集体说出相应的单词或句子。老师也可以让学生单独轮流掷骰子，然后说出相应的单词或句子，说对了给予奖励，说错了要接受惩罚。

（八）眼疾手快

老师在屏幕上展示六到八个该课讲到的词汇或短句，让其闪烁几秒钟，然后消失。老师同时需要准备好相同内容的卡片，放在桌上。老师喊"开始"，学生再看到闪烁并消失的词汇后，要在打乱的卡片中找到自己看到的几个词或短句。最后看看谁找到最多并正确，谁就胜出。

（九）东西南北中

我们小时候常玩一个折纸游戏，叫"东西南北中"，老师可以教学生做这个折纸，练习所学语言知识。老师先把学生分组，每组学生轮流换折纸的开口方向，每换一次，要同时说"东西南北中"，并说出一句该课学过的汉语句子，检测学生能不能记住所学知识。

（十）抢凳子

老师在教室中间放五把椅子，六名学生一组，围着五把椅子走。老师如果说陈述句，如："很高兴认识你。"这六名学生就要立即抢椅子坐下，反应最慢的一位抢不到座位，则被淘汰。然后老师撤掉一把椅子，游戏继续进行。老师如果说疑问句，如："你叫什么名字？"学生就要继续围着椅子走，不能坐下。如有学生反应错误坐下，则为犯规，也会被淘汰出局。游戏一直持续到只剩最后一把椅子，看最终胜出者是谁。

二、课后作业

学生跟读录音（老师如果发音标准的话也可以把自己的录音发给学生以作参考）、记忆词汇、背诵对话、做问候练习。

你是哪国人？
(Where Are You From?)

Starters/Appetizers
餐前菜（开胃前菜）
Cān qián cài　(Kāiwèi qián cài)

一、复习 Review

（一）老师制作印有汉语句子的纸条，随机分发给学生。学生们有的拿到的是问句，有的拿到的是陈述句。

你好吗？／我很好。

请问，你叫什么名字？／我叫大卫。

纸条上的内容只有拿到的学生自己知道，不能给别人看。学生需要用询问的方式，各自去找到和自己手中纸条上句子搭配的对象。然后老师再设定场景，让学生现场发挥，做对话表演。

（二）老师运用生词卡片引出复习内容，如，拿出一张词语卡片"老师"，让学生读出来，并引导学生说出完整的句子"我是老师"。

同样，出示词语卡片"学生"，引导学生说出"我是学生"。

然后，老师可以继续引导学生练习，如：你是学生吗？我是老师吗？

二、抛砖引玉 Start a New Lesson with Questions

一个人的名字很重要，但还有一个更重要的哲学问题，你从哪里来？往大了说是国，往小了说是家，而这一主题便是国，涉及国家、国籍和城市的学习。

老师可以准备一个地球仪，或者一张地图，开始今天的课程。然后抛砖引玉，如问学生中国的地理位置：中国在哪里？

Main Course
主菜
Zhǔ cài

一、词汇 Vocabulary

是	shì	be	v.
不	bù	not	adv.
哪	nǎ	which	pron.
国	guó	country	n.
人	rén	person/people	n.
语	yǔ	language	n.
和	hé	and	conj.
会	huì	can/be able to	v.
说	shuō	speak/say	v.
谁	shuí	who	pron.
大家	dàjiā	everybody/all	pron.
同学	tóngxué	classmate/schoolmate	n.

中国	中国人	汉语
Zhōngguó	Zhōngguórén	Hànyǔ
China	Chinese	Chinese
英国	英国人	英语
Yīngguó	Yīngguórén	Yīngyǔ
Britain	British	English

法国 Fǎguó France	法国人 Fǎguórén French	法语 Fǎyǔ French
德国 Déguó Germany	德国人 Déguórén German	德语 Déyǔ German
美国 Měiguó USA	美国人 Měiguórén American	英语 Yīngyǔ English
西班牙 Xībānyá Spain	西班牙人 Xībānyárén Spanish	西班牙语 Xībānyáyǔ Spanish
加拿大 Jiānádà Canada	加拿大人 Jiānádàrén Canadian	英语 / 法语 Yīngyǔ / Fǎyǔ English/French

二、对话 Dialogue

对话（一）

A：我不认识她，她叫什么名字？

B：她叫玛丽。

A：她是美国人吗？

B：是，她是美国人。

A：杰克呢？杰克是哪国人？

B：杰克是英国人。

A：他会说汉语吗？

B：不会，他会说英语和法语。

对话（二）

A：你好！

- 老师先领读并讲解大意，学生有问题可提问，老师做补充。

- 学生齐读，然后分组朗读，再分角色朗读，最后抽取学生朗读。

- 老师根据对话用汉语提问，学生用所学汉语知识回答。

- 分组练习并表演。学生把所学的东西都熟悉以后，进行分组练习，最后老师请学生上台表演。如果时间充裕，学生又不是很多，可以全部都表演；如果时间充足，学生很多，但是学生都比较紧张害羞，老师可以参考他们的意愿，有活跃的学生更好，没有的话老师首先选择比较放松、不是很害羞的学生，或者采用名册轮流式规则，根据名册顺序来表演；如果举手参与的人很多，而时间有限，老师可以解释——很高兴看到大家都那么活跃，大家都很棒（鼓励学生，不要打击学生积极性），但是时间有限，所以采取抽签方式，每个人发一个数字牌，抽签来决定比较公平。老师要尽量照顾到每一名学生，给予每一名同学练习的机会。

B：你好！

A：请问，你是学生吗？

B：是，我是学生，你呢？你也是学生吗？

A：我也是学生。你们呢？

C：我们都是学生。

B：他是谁？

A：他是我的汉语老师。

三、主要语法点 Grammar Points

1. 是 / 不是	2. "不"的变调	3. 哪
4. 说	5. 会 / 不会	6. 都
7. 谁	8. "的"字的用法	9. 和
10. 儿化音		

四、课堂教学提示 Teaching Tips

词汇和语法 Vocabulary and Grammar

📝 小贴士

老师在讲解练习时可以加入一些活跃课堂的方式，比如尝试把所学句型用简单的编曲教学生唱出来，不需要很复杂，只需要用同一曲调，把词句串起来，学生学起来会更有趣，也更容易记住整个句子，如：

你叫什么名字？ ➡ 3 2 1 1 2 3（简谱）

同时，还可以把节奏和词汇学习结合起来，如：

你是哪国人？ ➡ 3 2 1 2 3（简谱）

我 是 中国人。 ➡ 3 2 + Zhōngguórén（前面谱一样，后面向学生展示要学习的生词的拼音或汉字。）

我是 英国人。━━━▶ 3 2 + Yīngguórén

该方法可以换成别的句型，同样适用于其他主题内容练习。

1. 国名

汉语很多时候具有逻辑性，老师可以借此帮助学生记忆。比如国家名字的学习部分，有一些国家的名字在汉语里都有国字，国是 country、nation 的意思，而前面一个字和英文发音或欧洲语言的发音也有关联，比如法国 France、德国 Deutschland，学生可以通过这样的关联来记住国家的名称。另外有一部分国名和英文发音比较像，如意大利、加拿大，比较容易记忆。有的以上两者皆不是，只有直接记忆了。还可以结合国家特点和字义来记忆，如：

中国，中 ━━━▶ central，中国在中原地带，在中间；

英国，英 ━━━▶ hero，英国历史上有很多英雄人物；

美国，美 ━━━▶ beautiful，美国是一个很美丽的国家；

法国，法 ━━━▶ law，法国拥有很严谨的法律体系，很多国家都借鉴法国的法律；

德国，德 ━━━▶ virtue，德国是一个人们很注重德行、举止行为严谨的国家。

这样，学生记忆起来就有趣多了。同样，老师展示如下表格，学生一目了然。

国 guó country/nation 中国 Zhōngguó　英国 Yīngguó　美国 Měiguó
人 rén people/person 中国人 Zhōngguórén　英国人 Yīngguórén　美国人 Měiguórén　法国人 Fǎguórén
语 yǔ language 汉语 Hànyǔ　英语 Yīngyǔ　法语 Fǎyǔ

要注意的是，不是所有国家的名字都加"国"，很多国家的名字是基于发音，如：意大利、西班牙。这些国家的人也是直接在国名后面加上"人"，如意大利人、

西班牙人；这些国家的语言也是直接在国名后面加上"语"。但是，像英国、法国、德国等国名带有"国"字的，在表达该国的语言时，要先去掉"国"字，再加上"语"字，如：

英国＋语 ━━━▶ 英语　　法国＋语 ━━━▶ 法语

这一讲，老师可以准备一些主要国家的国旗，用 PPT 或打印图片展示。

老师带领学生认读，认读分三个步骤。

Step 1: 老师读，学生听。

Step 2: 老师先读，学生跟读。

Step 3: 学生读，老师听，如果需要可及时纠正学生。

老师根据学习情况，可以适当要求学生多读几遍，以便熟悉生词。熟悉生词之后，老师带领学生操练，再做练习和课堂活动，加深词汇记忆。

(操练)

老师用卡片提问，展示一张卡片，卡片上同时显示生词的汉字和拼音，要求学生说出英文意思，然后反过来向学生展示英文意思，要求学生说出相应汉语词汇。如果老师想要营造氛围，可以将学生进行分组，以抢答形式进行，学生一般喜欢竞争 (competition)，所以这种形式能够增加学习的氛围。下一次复习的时候，老师便可以使用图片进行练习，比如拿一张中国国旗的图片，要求学生用汉语说出国家的名字，并用所学句型说出一个完整的句子。

2. 是

上述生词学习之后，老师便可以引出"是"。老师先在 PPT 上展示自己的图

学生可能会问，中国的语言为什么叫汉语，不叫中语？

这和中国源远流长的历史文化有关，老师可以简单介绍一下中国汉文化的起源和发展，以及汉民族的影响（我国的汉族人口占全国人口总数的 90% 以上）。

片，配上中国国旗，表示自己的国籍，再准备一些学生都知道的世界名人及名人所属国家的国旗搭配在一起，学习如何表达"我是哪国人"。因为我们已经对名字和代名词有了一定的积累，所以学生在表达的时候只是不知道该处衔接句子的"to be"在汉语里面如何表达，这时候，就该"是"上场了。

我 + ？ + 中国人 (Is this sentence correct? It seems it is missing a verb, isn't it?)

⟶ **是**

↓

　　我是中国人

Another example: 他是英国人。

老师讲到这里时，还可以顺便解释一下汉语学习的简单之处。汉语里的"是"不像英语里的 be 动词的表达要根据前面的词进行变化，汉语里都一样。这时候老师就可以告诉学生，其实汉语很简单吧，没有你想象的难。我当时这样给学生说的时候，学生很开心地说，是啊，不用变化太好了。因为法语、德语、西班牙语等语言之所以难学，一部分原因就在于语法的变位太多，而汉语的语法，尤其是在初学阶段，对于外国学生来说，其实并不难。

例子：我是中国人。你是英国人。我们是学生，她是老师。

由"是"递进到否定句，讲解"不是"的意思和用法。

I'm Chinese. 我是中国人。

I'm not Chinese. 我是不中国人。×

"不"作为否定词（negative），要放在动词"是"之前，如：

我不是英国人。他不是中国人。

然后进行练习。

（1）Translate the following sentences into Chinese.

　　A. She is French.

B. I'm Chinese.

C. They are Italian.

（2）Rewrite the following statements into negative sentences.

A. 我是英国人。

B. 他是老师。

C. 你们是学生。

之后，加入简单疑问句的语法点"吗"进行复习，并操练。我选取了一些卡通版的名人画像，比较有喜感，或学生喜欢的明星（注意选择素材时要照顾到学生的年龄，有些年纪小的学生并不认识我们认为很有名的明星或名人，比如成龙），并对每一张图进行提问，比如：

老师给出憨豆先生图片。

老师问：他是英国人吗？

学生开始哈哈大笑，觉得图片很搞笑，接下来用完整的句子回答，是或不是。

他是英国人。

所以，"是"字句是由"是"构成的判断句，用于表达人或事物等于什么或者属于什么。其否定形式是在"是"前加上否定副词"不"。例如：

玛丽是学生。

他是美国人。

他不是老师。

小补充

①是不是

他是不是中国人？

②还是

他是中国人还是英国人？

操练

（1）老师问，学生齐答。

（2）老师抽问学生，学生回答。

（3）学生互问互答。

（4）老师把学生分为两组，并准备一些各国著名人物的图片，让其中一组学生各抽取一张图片，然后分别用已学知识，如，"他叫什么名字？他是英国人吗？"提问另一组的学生，每一次派一名学生回答，完成后交换练习。

3. 不的变调

不 bù，平时读四声，如：不吃 bùchī，不喝 bùhē，不行 bùxíng，不好 bùhǎo。但是，有时它会变调，如：

不是 bù shì 4+4 ⟶ bú shì 2+4

不会 bù huì 4+4 ⟶ bú huì 2+4

所以，不 bù 在第四声之前，要变为第二声，其余不变。

(操练)

学生根据该知识点做相应练习。

4. 哪

老师问：他是？国人？

↓

哪

解释"哪"的意思和用法。

哪 which

他是哪国人？

Literally: He is which country's person? ⟶ Asking the nationality

↓

Which country is he from?

老师结合之前所学知识提问，如：他是哪国人？他叫什么名字？（巩固所学知识的同时也进行复习。）

由上推导出，疑问代词"哪"用在疑问句中的结构形式为"哪 + 量词 / 名词 + 名词"。例如：

你是哪国人？

哪个人？

（操练）

在国外教学，尤其是在中小学教学时，很多学生基本上都是来自同一个国家，因此老师可以准备不同国家的著名人物的图片来进行操练，或者准备写有不同国籍词语的卡片，让学生抽取，抽到哪一个就扮演哪一个国籍的人。如果是在大学里给国际学生上课，学生有可能来自世界各地，老师可以用学生自身的信息来进行练习。老师可以根据教学对象的不同，适当调整练习方式。

5. 说

学完了"人"，我们来看"语"，语言是拿来说的，进而学习"说"这个动词，"说"可以和"会"一起学，就像英语里的 I can speak English 一样，然后推出"会"的否定词"不会"。

有些学生可能同时学习几门外语，比如杰克会说法语和德语，安娜会说法语和西班牙语，等等，老师可以先请他们先说几句法语、德语或西班牙语。

然后老师推出： Jack **speaks** French. 杰克**说**法语。⎫
　　　　　　　 Anna **speaks** French. 安娜**说**法语。⎭

　　　　　➤ 推出：杰克**和**安娜**说**法语。

或：I speak English.

　　 我 ？ 英语。

　　　　 ⬇

　　　　 说

推出：我说英语。

更多例子： 他说汉语。

　　　　　 你们说法语。

学生根据该知识点造句。

6. 会

I can speak English.

我？说英语。

↓

会

推出：我会说英语。

会 （ a learned skill ）

↓

I can speak Chinese.

我会 speak Chinese.

I can cook Chinese food.

我会 cook Chinese food.

I can play the piano.

我会 play the piano.

扩展：I can speak a little bit …

　　我会说 一点儿 ……

例如：我会说一点儿汉语。

所以，能愿动词"会"用在动词前，表示通过学习而获得某种能力，它的否定式是"不会"。例如：

你会说汉语吗？我会说一点儿汉语。

大卫会说德语吗？大卫不会说德语。

结合"说"和"会"一起练习。

（1）老师提问，学生回答。

（2）造句练习。例如：

老师把著名 NBA 球员姚明的图片和汉语放在一起，要求学生造句，如：他会说汉语。

老师把奥巴马的图片和英语放在一起，要求学生造句，如：他会说英语。

老师把贝克汉姆的图片和汉语放在一起，要求学生造句，如：他不会说汉语。

或者用班里学生来做例子也行，如老师选其中一名学生——迈克，要求其他学生造句"迈克会说英语"……

然后再加入"吗"，练习简单疑问句，如：他会说英语吗？你会说汉语吗？

让学生相互问答，一问一答。

7. 都

Lily

问：Lily 是老师吗？

答：Lily 是老师。

所以：她们都是老师。

推出："都是"的意思可以是 both。

Lucy

问：Lucy 呢？

答：Lucy 也是老师。

Anna

问：Anna 是老师吗？

答：Anna 是老师。

所以，Lily 和 Lucy 是老师，Anna 也是老师。

➡ 她们**都**是老师。

推出："都"的意思可以是 all。

➡ 都：副词，意思是 both/all，用来表示全部包括在内。

例如：我们都是中国人。

他们都会说汉语。

操练

老师运用图片带领学生练习句子表达，然后用准备好的卡片安排学生进行小组练习。

8. 谁

老师先出示一张贝克汉姆的图片，然后给出句子：

他是**贝克汉姆**。

⬆

问：他是 who？

推出：他是**谁**？

再给出一张老师自己的照片。

她是**谁**？

↓

她是**叶老师**。

老师指一个学生，问其他学生：

谁是杰克？

（学生指向杰克）他是杰克。

谁是莉莉？

（学生指向莉莉）她是莉莉。

所以，疑问代词"谁"在疑问句中用来询问人。例如：

谁是玛丽？

他是谁？

（操练）

老师用图片提问学生，然后分发准备好的卡片，学生相互提问。

9."的"的用法

老师先给学生展示一张自己的照片。

老师问：她是谁？

学生答：她是叶老师。

继续问：叶老师 ⟶ 什么老师？

答：汉语老师。

继续问：

Whose 汉语老师？

⬇

My 汉语老师。

⬇

我 + 的

推出："我的"表示所属关系，表达方式为：noun/pronoun + 的

⟶ 叶老师是我的汉语老师。

结合之前所学内容，老师拿起杰克的书说：

这是杰克的书（book）。

问： 这是**谁**的书？

⬆

回答：这是**杰克**的书。

老师再次展示自己的照片。

问：她是谁的汉语老师？

回答：她是我的汉语老师。

所以推出，"名词/代词＋的＋名词"表达一种所属关系。当结构助词"的"后的名词是亲属称谓或者指人的名词时，"的"可以省略。

玛丽是我朋友。

她是我同学。

谁 who	谁的 whose
我的 my/mine	我们的 our/ours
你的 your/yours	你们的 your/yours
他的 his/his	他们的 their/theirs
她的 her/hers	她们的 their/theirs
它的 its/its	它们的 their/theirs

(操练)

学生先用该知识点互问互答，然后老师用准备好的实物道具或图片抽学生问答，再一起做练习：猜猜他是谁。

10. 和

Olá Bonjour
Nihao 你好 Hola
Hello привет

I can speak Chinese, English and French.

意思：我会说汉语、英语和法语。

推出：和，意思相当于英语里的 and，用于连接两个或两个以上并列的成分，表示一种并列关系。

如：我会说汉语和英语。

我学习数学、化学和地理。

(操练)

老师借助语言词汇卡片，提示学生造句，然后进行配对练习。

> ✎ 小贴士
>
> 一个简单的"和"，很多学生容易犯错。如果句子中有两个以上的并列成分，通常我们把"和"放在最后两个并列成分之间，而学生容易每个并列成分都用"和"，如：我会说汉语和英语和法语。还有的学生会误用"和"来连接两个句子，如：我是中国人和杰克是英国人。在英语口语里有时会有这样的习惯性说法，如：I speak Chinese and Jack speaks English. 但是在汉语里，我们通常不这样用，这是老师需要提醒学生注意的。

11. 儿化音 Retroflexion

汉语中的"儿"可以和前面的音节结合成为一个音节，变成"儿化音"。汉字书写时表示为"汉字+儿"。

（1）儿化的作用

①表示喜爱、亲切的情感。例如：小孩儿、宝贝儿。

②表示少、小、轻的意思。例如：小草儿、小花儿。

③区分词性和词义。例如：亮（形容词）——亮儿（名词），头（脑袋）——头儿（领导、首领、一端）。

（2）儿化的拼写方法展示

① If the final at the end of the syllable is:

$$\left.\begin{array}{c} a \\ o \\ e \\ u \end{array}\right\} + r$$

For example:

rénjiār   jiāyóur   gànhuór

② If the final at the end of the syllable is i:

+ r

For example:

xiǎoháir   bǎobèir   yíkuàir

③ If the final at the end of the syllable is n:

+ r

For example:

bīnggùnr   dāngguānr   shǒujuànr

④ If the final at the end of the syllable is ng:

+ r

For example:

bāngmángr   hútòngr   diànyǐngr

⑤ If the final at the end of the syllable is:

$$\left.\begin{array}{c} i \\ \\ ü \end{array}\right\} + r$$

For example:

wányìr   xiǎoqǔr   jīnyúr

⑥ If the final at the end of the syllable is:

$$\left.\begin{array}{l} \text{-i(front)} \\ \\ \\ \text{-i(back)} \end{array}\right\} \text{+r}$$

For example:

xiězìr guāzǐr xiǎoshìr

第六项的"-i"有一个前，一个后，它们指的是舌尖前元音和舌尖后元音。-i（前）和 -i（后）的发音状况不同，音值也不同，都不自成音节。-i（前）只出现在声母 z/c/s/r 的后面，-i（后）只出现在声母 zhi/chi/shi 的后面。它们和前面第二项的舌面元音 i 出现的条件不同，舌面元音不出现在声母 z、c、s、zhi、chi、shi、r 的后面。

扩展

这一部分可以作为补充内容学习。在学习了国家之后，老师可以通过图片展示将要学习的城市，比如巴黎，展示像埃菲尔铁塔这样标志性的建筑物。

巴黎 Bālí

然后抛出问题"这是**哪儿**？"Where is this (place)?

Where is this?

哪儿是这 → In Chinese: 这是哪儿。

Where is that?

哪儿是那 → In Chinese: 那是哪儿。

汉语里的句型，多数时候疑问词在哪个位置，答案就在哪个位置，如：

这是**哪儿**？

      ↓

这是**北京**。

另外，老师还要注意强调一下国家和城市的表达顺序。和英语不同，汉语是按先国家后城市、从大到小的顺序，而英语国家一般是按从小到大，先城市后国家。

如：中 国 北 京　　　英 国 伦 敦　　　美 国 纽 约
　　Beijing, China　　　London, UK　　　New York, US

Dessert

饭后甜点

Fàn hòu tiándiǎn

一、课堂练习与活动 Exercises and Activities

（一）国家配对

老师要求学生将正确的国旗和地图形状填到表格里，并大声读出来。

A. 中国地图（图片略）　B. 英国地图（图片略）　C. 美国地图（图片略）

D. 意大利地图（图片略）E. 德国地图（图片略）　F. 西班牙地图（图片略）

G. 法国地图（图片略）　H. 加拿大地图（图片略）I. 澳大利亚地图（图片略）

1.
2.
3.

4.
5.
6.

7.
8.
9.

国家	国旗	地图
中国	5	A
美国		
英国		
法国		
德国		
西班牙		
意大利		
加拿大		
澳大利亚		

（二）找谜底

老师要求学生把世界地图上所标出的英文城市的中文名找出来。如果遇到没有学过的字，请学生查字典。

注：老师需要提供有世界地图板块形状的图片，并把以下城市用英文标识出来。

Beijing

Shanghai

Moscow

London

New York

Sydney

Ottawa

纽 niǔ	上 shàng	斯 sī	尼 ní
渥 wò	敦 dūn	太 tài	华 huá
莫 mò	约 yuē	北 běi	伦 lún
海 hǎi	科 kē	悉 xī	京 jīng

Beijing　（　　　）　　　　　　　　　　Shanghai　（　　　）

Moscow　（　　） London　（　　）

New York　（　　） Sydney　（　　）

Ottawa　（　　）

（三）急速配对

老师准备两三套一样的图片，里面包括国家的国旗、代表国家的名人和各国官方语言的图片，把卡片打印出来剪切好，打乱混在一起。同时制作一个表格，表格里的每一个格子内都有一个汉语词。老师把学生分为两到三组（根据学生人数决定），比如红星队和黄星队。老师用事先制作好的红星卡片和黄星卡片代表，然后比赛，要求学生在最快时间内把卡片放到相应的格子内。老师计时，哪一组最快又最正确，哪一组胜出。

✎ **小贴士**

老师可以事先准备一些巧克力或者糖果，以示奖励，并鼓励各组学生继续努力。

范例如下（老师可在网上找到相应的图片）：

美国国旗图片	奥巴马图片	英语"Hello"图片
英国国旗图片	憨豆先生图片	英语"Hello"图片
西班牙国旗图片	球星哈维图片	西班牙语"Hola"图片
中国国旗图片	成龙图片	汉语"你好"图片
法国国旗图片	影星苏菲·玛索图片	法语"Bonjour"图片
德国国旗图片	德国总理默克尔图片	德语"Guten Tag"图片

（要求学生配对之前，老师需打乱图片。）

配对表格

英国	法语	德国人
美国	中国人	英语
西班牙人	汉语	法国
中国	英国人	德国
西班牙	德语	法国人
美国人	西班牙语	英语

（四）用所学语言知识填空

1. 我学习汉语，你（　　　）?

2. 他叫（　　　）名字?

3. 你是（　　　）国人?

4. 你学习法语（　　　）?

5. 他是（　　　）?

（五）将下列陈述句改写成否定句和疑问句

1. 我是中国人。

2. 她是我同学。

3. 他叫杰克。

4. 你说法语。

5. 我是汉语老师。

（六）选词填空，并仿照该内容做简单自的我介绍

中国 / 汉语 / 英语 / 美国 / 会 / 吗 / 叫 / 是 / 姓 / 喜欢 / 一起

大家好，我（　　）迈克，我是（　　）人，我（　　）说英语和一点儿
（　　），我（　　）学习汉语，你们会说汉语（　　）？

（七）传声筒游戏

英文里喜欢把我们平时玩的传声筒游戏称为 Chinese whisper。老师可根据班上人数决定，人少的话就为一组，人多的话可以分成两组或两组以上比赛，看哪一组最后的结果最接近原话。

传递的内容可以用自我介绍的内容，如：

我叫杰克，我是英国人。我会说英语、法语、西班牙语和一点儿汉语。我的汉语老师叫叶黛西，她是中国人，她会说汉语、英语和法语，她不会说西班牙语。

（八）找朋友

每名学生抽取一张老师准备好的纸条，上面有国籍和语言的相关问题。

抽取之后，学生按纸条给出的问题，如：你是哪国人？你会说汉语吗？在规定时间内去向别人提问，找到和自己国籍、语言相同的人。

规定时间内没有找到自己朋友的学生要受到"惩罚"。

（九）飞鸽传书

老师在每张纸条上准备不同的信息，学生抽签。大家分别抽取之后，第一名学生用汉语（如果学生刚学汉语，对汉字还不熟悉，也可以用拼音）把自己抽

到的基本信息写在一张纸上，然后折叠成飞鸽，传给另一名他选择想让其知道信息的同学。

接到飞鸽传书的学生阅读纸条之后，在上面写下自己的信息，又传给下一位同学。

游戏期间选择的同学不能重复，以保证每名学生都有机会参与游戏。

（十）找间谍

老师准备和全班人数相同数量的卡片。除一张之外，其他卡片上的信息均一致（视班上人数而定，人多的话，可以把不同信息的卡片增加到两三张，老师可以灵活处理），然后分发给学生。

学生各自用所学汉语知识，问出其他人信息，最后找出谁是信息不一致的那个"间谍"。

二、补充学习

欣赏歌曲《思念》。

老师带领学生学习歌曲《找朋友》,并可把这首歌和游戏"找朋友"结合起来。

📝 **小贴士**

*刚开始学习该主题时，老师给出的国家名称不要太多，太多了学生会记不住，老师可以在后面的教学过程中，根据学生学习情况，逐渐增加词汇量。

*学习词汇最好的方法是和例句结合起来，所以老师应尽可能多举例句，尤其是运用身边熟悉的人或事的信息来举例。

*老师运用道具时一定要正确，细节很重要，例如国旗图片卡片等道具，一定不要拿错正反；给学生的卡片和表格信息一定要正确，不要重复。

第三主题

时间和年月
(Time, Month and Year)

Starters/Appetizers
餐前菜（开胃前菜）
Cān qián cài　(Kāiwèi qián cài)

一、复习 Review

（一）问题传递

从老师开始，老师先抽取一名学生提问，学生回答。如：你是哪国人？你会说汉语吗？

然后，该学生找另一名学生接力。

老师要保证每一个学生都有练习的机会，如果班上学生较多，可以考虑分组进行。

（二）猜名人

老师准备一些各国名人的信息，然后把信息告诉学生，让学生猜猜他是谁。如猜贝克·汉姆：

他是英国人；

他会说英语；

他不是老师，也不是学生；

他是大明星（dà míngxīng）。

📝 **小贴士**

老师可以先向学生展示一张足球的图片，然后让学生猜。英国足球明星比较多，所以学生不一定能猜出来，如未猜出，再展示第二张图片，像贝克汉姆正在踢球的图片，然后提问：他叫什么名字？他是哪国人？

二、文化链接 Culture Link

（一）中国人过生日吃什么（老师可以展开讲故事）

长寿面：面条寓意长寿（汉武帝过生日吃面的故事）。

鸡蛋：太平、健康和聪明（《诗经》中"天命玄鸟，降而生商"的典故）。

桃子：寓意长寿（孙膑送母亲桃子的故事）。

（二）中国古人对每个人生阶段不同的描述方式

中国古人常这样描述人生不同阶段：二十弱冠；三十而立；四十不惑；五十而知天命；六十花甲；七十古来稀；八十耄耋。

老师可以介绍一下中国人对人生各阶段的理解和认识。

Main Course

主菜

Zhǔ cài

一、学数字 Learn Numbers

			shù zì 数字
0	零	líng	Like the sound of a bell: **ling ling ling** ….
1	一	yī	Like when you are surprised and make the sound **eek!**
2	二	èr	Like the noble rank **earl**

3	三	sān	Like in the name **San**ta
4	四	sì	Like in **s**nake
5	五	wǔ	Like "Oooo…" or in "w**oo**d"
6	六	liù	Like the name **Leo**
7	七	qī	Like in **chee**se
8	八	bā	Like in **ba**r
9	九	jiǔ	Like the name **Joe**. The finger gesture is like a hook.

10	十	shí	 Like in **s**ure

二、词汇 A　Vocabulary A

几	jǐ	how many/how much	pron.
百	bǎi	hundred	num.
千	qiān	thousand	num.
万	wàn	ten thousand	num.
两	liǎng	two	num.
年	nián	year	n.
月	yuè	month	n.
号	hào	date	n.
日	rì	date/day	n.
星期	xīngqī	week	n.
今天	jīntiān	today	n.
昨天	zuótiān	yesterday	n.
明天	míngtiān	tomorrow	n.
天	tiān	day	n.
生日	shēngrì	birthday	n.
快乐	kuàilè	happy	adj.
祝	zhù	wish	v.
做	zuò	do	v.
去	qù	go	v.
家	jiā	home/family	n.
学校	xuéxiào	school	n.
图书馆	túshūguǎn	library	n.
周末	zhōumò	weekend	n.
知道	zhīdào	know	v.
起床	qǐchuáng	get up	

三、对话 Dialogue

对话（一）

A：请问，今天几月几号？

B：今天 6 月 1 号。

A：今天星期几？

B：今天星期二。

A：明天星期三，你去学校吗？

B：我去学校。

A：你去学校做什么？

B：我去学校学习汉语。

对话（二）

A：玛丽，今天是你的生日，祝你生日快乐！

B：谢谢。你的生日是几月几号？

A：五月九号。后天是大卫的生日。

B：后天星期几？

A：星期天。

B：你去他家吗？

A：去，你呢？

B：我也去。

A：我们一起去，好吗？

B：好。

- 老师先领读并讲解大意，学生有问题可提问，老师做补充。
- 学生齐读，然后分组朗读，再分角色朗读，最后抽取学生朗读。
- 老师根据对话用汉语提问，学生用所学汉语知识回答。
- 分组练习并表演。学生把所学的东西都熟悉以后，进行分组练习，最后请学生上台表演。老师可以灵活采用分组或抽签等方式，尽量照顾到每一名学生，给予每一名同学练习的机会。

对话（三）

A：你每天几点起床？

B：我每天七点起床。

A：周末你去图书馆吗？

B：我不去图书馆，我去朋友家。

A：你的朋友叫什么名字？

B：她叫玛丽。

A：我认识她。她是不是也学习汉语？

B：是的。

A：她的电话号码是多少？

B：我不知道。

四、词汇 B　Vocabulary B

现在	xiànzài	now	n.
点	diǎn	o'clock	m.w.
分	fèn	minute	m.w.
刻	kè	quarter	m.w.
半	bàn	half	num.
秒	miǎo	second	m.w.
差	chà	be short of	v.
吃饭	chīfàn	eat/have a meal	v.
上课	shàngkè	attend class/go to class	
时候	shíhou	time/moment	n.
小时	xiǎoshí	hour	n.
回	huí	go back/return	v.
睡觉	shuìjiào	sleep/go to bed	v.
起床	qǐchuáng	get up	
看	kàn	watch/see/look at	v.
电影	diànyǐng	movie/film	n.

* 名词"前"：

表示现在或所说的某个时间以前的时间。

* 名词"后"：

表示现在或所说的某个时间以后的时间。

如：八点前 / 一天后 / 星期六前 / 六点后

五、对话 Dialogue

对话（一）

A：现在几点？

B：现在七点二十分。

A：你几点上课？

B：八点。

A：中午几点吃饭？

B：十二点半吃饭。

对话（二）

A：现在几点？

B：下午五点半。

A：你什么时候回家？

B：六点吧。你呢？

A：我现在回家。今天晚上七点半我和玛丽去电影院看电影。

B：一场电影几个小时？

A：两个小时。

六、主要语法点 Grammar Points

1. 数字的表达	2. 量词的用法	3. "一"的变调
4. 年、月、日表示法	5. "几"和"多少"的用法	6. ……，好吗？
7. 每	8. 时间的表达	9. 连动句：去＋地方＋做什么
10. 时间词做状语		

七、课堂教学提示 Teaching Tips

词汇和语法 Vocabulary and Grammar

1. 数字的表达

西方人一般是用两只手数数，而中国人却可以用一只手表示十一个数字。我第一次这样对学生说的时候，他们几乎都说：THAT'S IMPOSSIBLE!（怎么可能！）所以当我教会他们用一只手数数的时候，他们既兴奋又自豪！

尤其是教中小学生时，老师可以在教课之前卖一下关子，先问问学生能不能用手表示从零数到十的数字，学生都会争先恐后地展示自己的才能。然后老师再开始教授一只手数数，当学生学会之后，老师可以和学生一起，边拍手打节拍，边说数字。刚开始大家慢慢说，然后变换节奏，越来越快，再快慢结合。学生很喜欢这种方式，不仅加强了对数字的记忆，还活跃了课堂。

（1）手势的解释

零　把手蜷着，中间留空，像一个鸡蛋形状。

一　无名指手代表一。

二　胜利手势（西方人的 peace 手势）。

三　OK 手势。

四　手指除了大拇指外四个手指。

五　一个手掌（palm）。

六　打电话手势（大拇指和小指伸展开）。

七　　鸟嘴形象手势（birdy），老师也可以解释为，七是五加二，所以减掉两个手指，用前三个手指代替。

八　　手枪手势（大拇指和食指伸展开）。

九　　像一个钩子（食指）。

十　　拳头手势。

其中，数字里面，四和十的发音是比较难辨别的，就像英文里的 fourteen and forty，所以老师可以用一个绕口令，帮学生练习这两个数字的发音：

四是四，十是十；十四是十四，四十是四十。

另外，老师还可以借用中国的数字说法，介绍一下汉语的逻辑性。比如：

11=10+1，那么 11 的说法便是十一；

20=2×10，两个十，所以是二十，以此类推；

99=9×10+9，十个九加上十，所以是九十九。

如果数字用作电话号码，其中号码中的1要读成 yāo。

可以看出，学生只要学会以上的基本十一个数字，便可以从 0 数到 99。

接下来，老师可以根据学生的接受能力，或者作为补充，继续教授"百""千""万"。

（2）"二"和"两"

用于表达长度、容量和重量（length, capacity and weight）的时候，"二"和"两"二者皆可用。如：二尺或两尺、二升和两升、二吨或两吨。他们的区别在于：

二 {
用于表达基数 cardinal number，如：二，2；
用于表达序数 ordinal number，如：第二，2nd；
用于表达小数 decimal，如：一点二，1.2；
}

两 {
用于名词之后，如：两年；
用于量词之后，如：两个。
}

（3）基数词和序数词

表示基本数字的时候，直接用数字一、二、三等。

表示序数的时候，英文通常是1st/2nd/3rd/4th/5th，前三个变化不一样，后边的基本要加上"th"，中文则更简单，直接在数字前边加上"第"，第+N.如：第一、第二、第三等。

(操练)

学生根据该知识点做游戏练习活动。

数字文化（了解幸运数字）

● 中国人以五、九为大。中国古代把数字分为阳数和阴数，奇数为阳，偶数为阴。阳数中九为最高，五居正中，因而以"九"和"五"象征帝王的权威，称为"九五至尊"。

● 中国人喜欢"六"和"八"。"六"谐音"溜"，顺溜、顺利的意思，俗语说"六六大顺"。"八"，谐音为"发"，发财的意思。

● 中国人通常避免"四"，因为它的发音和"死"是谐音。

2. 量词

老师讲解数字之后，可以涉及学习量词。量词是汉语中非常重要的一部分，也是比较特殊的一部分，因为英语里面不是所有的地方都需要相当于量词的词来表达，而在汉语里，量词几乎无处不在。

老师可以采用图片与知识结合的方式来讲解，比如用一只很可爱的小猫的图片，然后问学生，这是什么？

学生回答：这是猫。

老师问：多少？

学生回答：一猫。

↓

从而带出这是猫，一只猫。

例如：

一个人 / 一个苹果 / 六个朋友

一个好朋友 ——➤ 他是一个好朋友。

↓

推出：个 (gè) 是汉语里常用的量词之一。(one of the most commonly used measure words, placed before nouns referring to people, things and units.)

➡ In Chinese, a number alone can't directly function as an attributive to modify a noun. It must be combined with a measure word.

所以，要表达名词的数量时，中间要用量词连接：number + measure word + noun。

(操练)

学生根据该知识点做游戏练习活动。

| 关于学习量词的笑话
| 一次有个外国人正好想用刀，就直接跟旁边的人说：给我一刀。

3. "一" yī 的变调

（1）"一"在第一、二、三声音节前变成第四声。

yī + 1 ➡ yì + 1 如：yì tiān

yī + 2 ➡ yì + 2 如：yì zhí

yī + 3 ➡ yì + 3 如：yì qǐ

例子：一天 / 一行 / 一起 / 一直

（2）"一"在第四声音节前变成第二声。

yī + 4 ➡ yí + 4 如：yí gè

例子：一个 / 一定

（3）"一"单用或表示数字时不变调。

如：一 / 第一 / 十一 / 星期一

(操练)

学生根据该知识点做相应练习。

4. 年月日表达法

英美国家对年月日的习惯性写法顺序是：日 / 月 / 年（英式），或月 / 日 / 年

（美式），但是汉语里的写法顺序是：年／月／日，如正式的写法为二零一五年十月十一日或 2015 年 10 月 11 日，用阿拉伯数字表示则为 2015.10.11。

老师用图片或板书当天的日期，如：

2016（　　　）2（　　　）11（　　　）

年　　　　　月　　　　　日

（操练）

老师用图片或板书展示一些年月日，随机抽取学生来读。可分步练习，先练习年的表达，老师在白板上写某一年，学生说出年份，然后再练习"几月几日"，最后再合起来操练。

之后，学生两人一组，一个人写，另一个人读，再交换。

老师准备日历，问：今天几月几日？今天星期几？

请学生回答后，老师总结：

表达顺序为：某年，某月，某日／号，星期几。

结合所学知识提问：今年是哪一年？

今年是 2016 年。

明年呢？

明年是 2017 年。

然后，老师可以准备学生熟知的不同节日的图片，提问学生，这个节日是哪一天。如：圣诞节是哪一天？新年是哪一天？

5."几"和"多少"

今天星期一。

今天星期（　　　）? ——→ 推出问题：What is the question word?

推出：几

从而推导出：几的用法（可结合"多少"的用法一起做对比）。

"几"和"多少"。

老师先用以下图片问学生：几个人?

学生回答：三个人。

老师再用以下图片问学生：多少个人?

学生可能猜到老师是在问数量，但是他们对"多少"提出疑问了，这时老师可以先对比这两幅图片和问题，然后让学生开动脑筋，看看有什么不同，为什

么不同，从而推出"几"和"多少"的用法。

"几"和"多少"这里都用来询问数量，区别是：

几 is used to ask about a number, usually <u>less than</u> 10；

多少 is used to ask about numbers <u>more than</u> 10.

如：几只猫？多少只猫？

(扩展)

多少：多 means much or many.

少 means less or few.

两个词为反义词（antonym），但加在一起变成了一个疑问词，是多还是少，到底是多少？

(操练)

老师选用一些比较有吸引力的图片，根据图片上不同的数量对学生进行提问，然后让学生做互问互答练习。

📝 **小贴士**

星期和月份词汇教学提示

星期 + N.（数字）⟶ a specific day of the week

N.（数字）+ 月 ⟶ a specific month of the year

新创月份和星期舞（Macarena）

Macarena（月份星期舞）是西方很流行的一首舞曲，节奏感强，基本上每个人都会。即使不会也没有关系，舞蹈动作简单易学。我把这个舞蹈融入月份和星期的学习中，既激起了学生学习的兴趣，又帮助学生以更容易的方式记住了词汇。

动作 1：右手臂向前伸直，手掌向下，伸出的同时说"一月"。

Beat 1: Stretch your right arm forward, palm down. Meanwhile, say "一月 (January)".

动作 2：左手臂向前伸直，手掌向下，伸出的同时说"二月"。

Beat 2: Stretch your left arm forward, palm down. Meanwhile, say "二月 (February)".

动作 3：右手臂向前伸直，手掌向上，伸出的同时说"三月"。

Beat 3: Stretch your right arm forward, palm up. Say "三月 (March)".

动作 4：左手臂向前伸直，手掌向上，伸出的同时说"四月"。

Beat 4: Stretch your left arm forward, palm up. Say "四月 (April)".

动作 5：右手搭在左手内臂的肘部，同时说"五月"。

Beat 5: Place your right hand on the inside of your left elbow. Say "五月 (May)".

动作 6：左手搭在右手内臂肘部，同时说"六月"。

Beat 6: Place your left hand on the inside of your right elbow. Say "六月 (June)".

动作 7：右手放到脖子右边后部，同时说"七月"。

Beat 7: Put your right hand behind the right side of your neck. Say "七月 (July)".

动作 8：左手放到脖子左边后部，同时说"八月"。

Beat 8: Put your left hand behind the left side of your neck. Say "八月 (August)".

动作 9：右手放到左边前裤子口袋处，同时说"九月"。

Beat 9: Put your right hand on your left front pants pocket. Say "九月 (September)".

动作 10：左手放到右边前裤子口袋处，同时说"十月"。

Beat 10: Put your left hand on your right front pants pocket. Say "十月 (October)".

动作 11：右手放到右边后裤子口袋处，同时说"十一月"。

Beat 11: Put your right hand on your right back pants pocket. Say "十一月 (November)".

动作 12：左手放到左边后裤子口袋处，同时说"十二月"。

Beat 12: Put your left hand on your left back pants pocket. Say "十二月 (December)".

动作 13：胯部向左扭，同时说"星期一"。

Beat 13: Move your hips to the left. Say "星期一 (Monday)".

动作 14：胯部向右扭，同时说"星期二"。

Beat 14: Move your hips to the right. Say "星期二 (Tuesday)".

动作 15：胯部向左扭，同时说"星期三"。

Beat 15: Move your hips to the left. Say "星期三 (Wednesday)".

动作 16：鼓掌胯部向右扭，同时说"星期四"。

Beat 16: Clap your hands while moving your hips to the right. Say "星期四 (Thursday)".

动作 17：向上跳并转向，面朝左边或右边，同时说"星期五"。

Beat 17：Jump up and turn left or right. Say "星期五 (Friday)".

动作 18：胯部向左扭，同时说"星期六"。

Beat 18: Move your hips to the left. Say "星期六 (Saturday)".

动作 19：鼓掌胯部向右扭，同时说"星期天"。

Beat 19: Clap your hands while moving your hips to the right. Say "星期天 (Sunday)".

动作 20：向上跳并同时说"加油"

Beat 20：Jump up and say "加油 (jiāyóu)".

6. ……好吗？

如：我们下午去看电影，好吗？

你们一起去，好吗？

⬇

推出："……好吗？"该句型常用来表示询问和征求别人的意见和看法。

（操练）

老师用该句型提问学生；学生相互提问。

7. 每

这是莉莉。

星期一	星期二	星期三	星期四	星期五	星期六	星期日
7:00AM	7:00AM	7:00AM	7:00AM	7:00AM	7:00AM	7:00AM

从表格信息推出：她每天七点起床。

⬇

every

一月	二月	三月	四月	五月	六月	七月	八月	九月	十月	十一月	十二月
去中国	去中国	去中国	去中国	去中国	去中国	去中国	去中国	去中国	去中国	去中国	去中国

从表格信息推出：她每个月都去中国。

从而推出："每"用来表示全体中的任何一个或任何一组，后面通常是名词或量词。如：每天、每年、每个星期。

例如：你每个星期都去学校吗？我每年都去中国旅游。

（操练）

学生用该语言点造句。

8. 时间表示法

点 = o' clock, indicating a whole hour.

例如：5:00——五点

12:00——十二点

2:00——两点

分 = minute

例如：5:30——五点三十分

11:10——十一点十分

8:05——八点零五分

汉语中时间的表达顺序是从大到小，即先从点，再到分、秒。

老师用图片显示一个时间，或用数字板书一个时间，问学生，然后推出时间的表示法。

如：老师写 9:00，学生知道如何说 9，推出整点的说法"点"，表达法为 9 点。

老师写 10:05，推出"分"，表达法为 10 点零 / 过 5 分。

老师写 9:45，推出表达法为 9 点 45 分，同时也可表达为 10 点差一刻。

老师写 1:50，推出表达法为 1 点 50 分，同时也可表达为两点差 10 分。

老师写 8:30，推出"半"，表达法为 8 点半 /8 点 30 分。

老师写 12:15，推出"刻"，表达法为 12 点 1 刻 /12 点 15 分。

What's the time now?

现在几点？

It's ten past ten (10:10).

现在十点十分。

推出："几"还可以用来问时间。

现在几点？

现在 9 点。

（总结）

……点 8:00

……点零 / 过……分 12:05

……点……分 3:25

……点半 7:30

……点……刻 10:15

……点……差……分 9:55

……点……差……刻 2:45

（操练）

老师使用时钟道具，或者用不同的时间图片提问学生，要求学生迅速说出时间，然后分发准备好的卡片，学生两人一组互问互答。

9. 连动句：去 + 地方 + 做什么

老师可以用图片展示并且先提问，如一张学校的图片和一张学生看书的图片，然后问：

小李去哪儿？小李去学校。

小李做什么？小李看书。

⬇

（1）小李去学校做什么？

小李去学校**看书**。

（2）小李去**哪儿**看书？

小李去**学校**看书。

推出：S. + 去 + place + to do sth.

老师用图片提问，学生回答。

老师准备好卡片，让学生抽取，并互相提问。

10. 时间词做状语

老师出示一张学生去学校的图片，问：

杰克去哪儿？

杰克去学校。

杰克几点去学校？

杰克 8 点去学校。

推出：S. + time (adverbial) + predicate

老师再出示一张学生去看电影的图片，问：

安娜去哪儿？

安娜去看电影。

安娜几点去看电影？

安娜下午三点去看电影。

推出：time (adverbial) + S. + predicate

再例如：

6:00 六点

to cook food 做饭

to cook food at 6:00 六点做饭

Mom cooks food at 6:00. 六点妈妈做饭。（妈妈六点做饭。）

时间词可在句子中做状语，并且可出现在主语前或主语后。

操练

老师给出图片，提问学生，学生回答。

老师准备卡片，学生抽取，然后分组提问回答。

饭后甜点
Fàn hòu tiándiǎn

一、课堂练习与活动 Exercises and Activities

（一）选词填空，然后将句子翻译成英文

个 / 几 / 多少 / 两 / 二

1. 我们班有三（　　　）汉语老师。

2. 一场电影（　　　）个小时。

3. 她的电话号码是（　　　）？

4. 玛丽，现在（　　　）点？

5. 今天星期（　　　）？

（二）粘草籽

学生任意站开。当老师随机说一个数字时，学生需按照老师说出的数字组成一组，"粘"在一起。落单的学生要回答老师准备的汉语题目，回答不出，就要接受相应"惩罚"。

（三）量词配对

学生分为四个一组，老师发给每组一副配图量词纸牌和名词纸牌。各组学生将两套纸牌混在一起，牌面朝下，组员轮流抓牌。所有纸牌都抓完后，每人先把自己手中能够搭配的名词和量词抽出来，放在桌子上，并大声读出来。然后各组学生按顺序互相抽牌，如果抽到可以和自己手中词语配对的名词或量词，就将两张牌放在桌子上，并说出一个完整的"数＋量＋名"搭配，如一个人、一只猫等。最后，手里还剩下卡片的学生要表演节目。

（四）数字跟跟跟

用 N+2 程式，然后以某数字开头，如1，学生要依次按此规则说出数字，如3、5、7、9……每人每次只能说一个数字，说错的人要受到惩罚。老师还可以变换更大的数字，以增加难度，也可用减法，从大的数字开始。

（五）时间表盘

老师先在白板上画一个大表盘，然后将学生分为两组，每组依次派一个学生站在表盘前，背靠白板，用手臂当指针。老师说出一个时间，学生要用手臂展示相应的时间。反应慢或做错的一组不得分，做对则得一分，看最后哪一组胜出。

（六）生日问卷小调查

老师准备一张信息表格和一些卡片，每张卡片上写有一个不同的名字，都是班上学生的名字。学生们每人抽取一张，然后用所学知识，如"你的生日是几月几号？"去询问抽到卡片名字的人的生日，将信息填到表格上。老师再随机提问，如，"杰克的生日是几月几号？"

（七）大家一起写日记

老师给每名学生各发一张纸条，上面有不同的内容，可以是从早上到晚上的安排，或一个星期的安排，如星期一做什么、星期二做什么等。每个人要用手上的词组成一个句子，然后每个人说一句，成为一篇日记。

（八）老狼老狼几点了

口令：老狼老狼几点了。

学生用口令问老狼，老狼每回答一次时间，学生就要向前走几步。直到学生快接近老狼时，老狼说，12点了，然后忽然转身抓人。被抓到的学生接下来要当老狼，并用汉语回答时间。

注意：若以24小时制为准，老狼讲的是12点以后的时间，老狼就要忽然抓人。如果是12点以前，就不动。动了的话，学生就要受到惩罚。谁先被抓到也要先受罚，再扮演老狼。

（九）时间接龙

从老师开始，每人随机说一个时间，后面的人进行时间接龙，加五分钟或减五分钟（老师可自行调整），并说出加上五分钟之后新的时间。说错的学生要到白板上写出正确时间，并被淘汰出局。看谁最后能胜出。

（十）你是我的小伙伴

老师给每个学生发一个问题，然后在每个学生的后背上随机贴一个问题的答案。学生要在读出自己的问题后去寻找相匹配的答案，而背着相应答案的这个人，就是该学生的小伙伴。

二、补充

（一）学唱歌曲《祝你生日快乐》

（二）学生疑问

1. 快乐和高兴的区别

两者都有表示开心的意思，相对来说，快乐比高兴更书面语。快乐，指感到幸福或满意，是由内而外的一种感觉和状态，可表达一段时期的状态。高兴，表示愉快而兴奋的一种情绪、即时状态。

2. 日和号的区别

两者都有 date 的意思。在疑问句中，用多少提问时，一般说今天多少号；用几提问时，今天几月几号或今天几月几日都可以。

家

你家有几口人？
(How Many Family Members Do You Have?)

Starters/Appetizers
餐前菜（开胃前菜）
Cān qián cài　(Kāiwèi qián cài)

一、复习 Review

方法（一）：掷骰子选择回答问题

一个骰子有六面，每一面代表一个问题，学生掷到哪一面，便要用汉语回答抽到的问题，如：

1. 你的生日几月几号？
2. 明天下午你做什么？
3. 你每天几点去图书馆看书？
4. 你几点去看电影？
5. 你每天什么时候回家？
6. 你的电话号码是多少？

方法（二）："剪刀石头布"

"剪刀石头布"是世界通行的一种游戏。学生喜欢比赛，老师可以教学生用汉语说"剪刀石头布"，然后引入复习。赢的学生要用汉语回答老师的一个问题，谁最后累计答对的次数最多，谁就是赢家。这个方式既能点燃气氛，又能起到复习的作用，一举两得。

二、文化链接 Culture Link

（一）中国传统的孝道文化

中国传统孝道文化是一个复合概念，内容丰富，涉及面广。其中既有文化理念，又有制度礼仪，主要包括敬养父母、生育后代、推恩及人、忠孝两全、缅怀先祖等，是一个由个体到整体，修身、齐家、治国、平天下的延展攀高的多元文化体系。孝道文化的内涵，在伴随着中国文明社会的发展进程中，形成了丰富的内容和特定的外延，逐渐积淀和内化为中华民族的心理情感，成为一种永恒的人文精神、普遍的伦理道德，熔铸于儒家伦理道德思想体系及传统文化之中，对两千多年的中国封建社会产生了广泛的影响，被称为古老的"东方文明"。

中国传统的孝道文化是一个复杂的理论体系，既有精华也有糟粕，既有合理的内核也有过时的内容，但是敬老养老是孝道文化不变的核心。新时代我们提倡孝敬、平等、保障、共享、和谐，这五个方面相辅相成，相互联系，不可分割，共同构成孝道文化的新理念。

（二）中国式婚礼

1. 中式婚礼元素

龙凤呈祥：龙和凤凰都是吉祥的象征，代表高贵、华丽、祥瑞，以及夫妻和谐美满的关系。

鞭炮：中国人喜欢在节庆日放鞭炮来增加喜庆气氛。在传统的中式婚礼上，放鞭炮是必不可少的项目，鞭炮放得越多、越响，就越能带来好运气。

红双喜：中国人的婚礼上，到处可见大红的双喜字。双喜字由两个"喜"字组成，代表喜事加倍，不同于一般的高兴和喜庆，也表示给新人带来好运气和幸福生活。

中式婚礼服装：传统的中国婚礼上，新娘子要穿非常漂亮的大红色汉服，汉服是具有中国特色的传统服装，具有历史意义和严肃的婚姻寓意。中国人喜爱红，认为红是吉祥的象征。

2. 中式传统婚礼基本流程

中式婚礼分为基本的三个阶段：

婚前礼，即"订婚"；

正婚礼，即"结婚"或"成婚"的礼仪，就是夫妻结合的意思；

婚后礼，是"成妻""成妇"或"成婿"之礼，这表示了男女结婚后所扮演的角色。

3. 婚礼仪式当天的基本流程

亮轿：花轿停在新郎家门口，向四邻昭示。

发轿：新郎来到新娘家，迎娶新娘上轿。

起轿：轿夫起轿，两面开道锣鼓喧天，前往新郎家。

中途颠轿：意在挡煞。

新娘下轿：地铺红毡，新娘鞋不能沾地。

三箭定乾坤：射天，祈求上天的祝福；射地，代表天长地久；射向远方，祝愿未来和生活美满幸福。

过火盆：象征日子红红火火。

跨马鞍：马鞍上放苹果，寓意平平安安。

拜堂：一拜天地，二拜高堂，夫妻对拜。

掀盖头：用秤杆挑下新娘的盖头。

喝交杯酒：象征一对新人自此合二为一。

敬茶改口：称对方父母为"爸妈"。

进入洞房：上枣和栗子，寓意"早立子"。

一、词汇 Vocabulary

词汇表（一）

有	yǒu	have/there be	v.
口	kǒu	[measure word]	m.w.
人	rén	person	noun
男人	nánrén	man	noun
女人	nǚrén	woman	noun
岁	suì	year of age	m.w.
了	le		part.
女儿	nǚ'ér	daughter	n.
儿子	érzi	son	n.
大	dà	big	adj.
小	xiǎo	small	adj.
已经	yǐjīng	already	adv.
结婚	jiéhūn	marry/get married	v.

家庭关系称谓		
爷爷	yéye	grandpa (father's side)
奶奶	nǎinai	grandma (father's side)

外公 / 姥爷	wàigōng /lǎoye	grandpa (mother's side)
外婆 / 姥姥	wàipó / lǎolao	grandma (mother's side)
爸爸	bàba	dad
妈妈	māma	mom
哥哥	gēge	older brother
姐姐	jiějie	older sister
妹妹	mèimei	younger sister
弟弟	dìdi	younger brother
叔叔	shūshu	uncle (father's side, younger than dad)
伯伯	bóbo	uncle (father's side, older than dad)
舅舅	jiùjiu	uncle (mother's side)
姑姑	gūgu	aunt (father's side)
姨妈	yímā	aunt (mother's side)
侄女	zhínǚ	niece
侄儿	zhír	nephew
妻子	qīzi	wife
丈夫	zhàngfu	husband
孩子	háizi	child/children

📝 小贴士

三个常用表达家庭关系常用的前缀 (three general prefixes for family relationships):

外 (wài) - prefix to indicate maternal lineage on some of the relations

堂 (táng) - cousin: used in relation to descendants of father's brother

表 (biǎo) - other cousins: used in relation to descendants of father's sister and both mother's brother and sister

词汇表（二）

在	zài	be at/be in; at/in	v./prep.
做	zuò	do	v.
工作	gōngzuò	work/job	v./n.
大学	dàxué	university	n.
银行	yínháng	bank	n.
医院	yīyuàn	hospital	n.
医生	yīshēng	doctor	n.
护士	hùshi	nurse	n.
商人	shāngrén	businessman	n.
演员	yǎnyuán	actor	n.
家庭主妇	jiātíng zhǔfù	housewife	n.
教授	jiāoshòu	professor	n.
职员	zhíyuán	staff	n.
服务员	fúwùyuán	waiter/waitress	n.
男朋友	nán péngyou	boyfriend	n.
女朋友	nǚ péngyou	girlfriend	n.

二、对话 Dialogue

对话（一）

A：林峰，你家有几口人？

B：我家有四口人：爸爸、妈妈、妹妹和我。你家呢？

A：三口人：爸爸、妈妈和我。你妹妹几岁了？

B：她今年八岁了。

- 老师先领读并讲解大意，学生有问题可提问，老师做补充。
- 学生齐读，然后分组朗读，再分角色朗读，最后抽取学生朗读。
- 老师根据对话用汉语提问，学生用所学汉语知识回答。
- 分组练习并表演。学生把所学的东西都熟悉以后，进行分组练习，最后请学生上台表演。老师根据学生人数等具体情况，灵活采用分组或抽签等方式，尽量照顾到每一名学生，给予每一名同学练习的机会。

对话（二）

A：玛丽，王老师今年多大了？

B：她今年五十岁了。

A：她儿子呢？

B：她儿子今年二十岁。

A：他做什么工作？

B：他是教授，他在大学工作。

对话（三）

A：大卫，你哥哥在家吗？

B：他不在家。

A：他在哪儿呢？

B：他在学校。

A：他在学校做什么？

B：他在学校学习汉语。

A：他有女朋友吗？

B：有，他女朋友也在学校学习汉语。

对话（四）

A：杰克，你家有什么人？

B：爸爸、妈妈、两个姐姐和一个弟弟。

A：你弟弟是学生吗？

B：是，他学习汉语。

A：你妈妈工作吗？

B：她不工作，她是家庭主妇。

A：爸爸呢?

B：他是医生，在医院工作。

A：你姐姐在哪儿工作?

B：大姐在银行工作，她是职员；二姐在
医院工作，她是护士。

A：你大姐今年多大了?

B：她今年二十七岁了。她已经结婚了，
丈夫是医生。

A：二姐呢?

B：二姐今年二十五岁，比大姐小两岁。

三、主要语法点 Grammar Points

1. 年龄的问法	2. 了	3. 有
4. 在	5. 已经	6. 比

四、课堂教学提示 Teaching Tips

词汇和语法 Vocabulary and Grammar

家庭成员的称谓名词，老师可以用大家熟知的家庭来讲解，比如说辛普森一家。老师先准备一幅家庭关系逻辑图，然后讲一个词，就把相应的图片和词汇同时贴上。职业相关词汇也可以用图片辅助教学，直观易懂，配上练习即学即练。

1. 年龄的问法

你多大? （通常用来问十岁以上的青少年或成年人。）

你几岁? （通常用来问十岁以下的孩子。）

您多大年纪? （通常用来问比较年长的人，表示尊敬。）

你多大?

↓

多 + adj.:"多" 此处为疑问代词,用在形容词面前,对程度进行疑问。

如:你多大?

回答:I am 26 years old.

我二十六岁了。

Or

我是二十六岁了。×（错）

In Chinese...

Some nouns function as verbs.

Age:

26 years old = be 26 years old

I am 26 years old.

I 26 years old. ——→ 我二十六岁了。

操练

老师准备有关年龄信息的纸条,让学生抽签,然后根据抽到的信息相互提问,老师再提问学生,大家一起把年龄信息做成表格。

2. 了

我二十六岁了。

↓

了:用于句末,表示变化或新情况的出现。

例如：

他四岁了。

我五十岁了。

你二十五岁了。

这里"了"的用法可以和年龄表达一起讲解。

（操练）

学生根据该知识点运用造句。

3. 有

有 ⟹ there be/have

例如：桌子上有一个杯子。

英文思维：There is a cup on the table.

中文思维：On the table there is a cup.

又例如：她家有很多画。

英文思维：There are many paintings in her house.

老师问：中文思维应该怎么说？

In her house

there are

many paintings.

⬇

推出：In her house

   有

   many paintings.

再例如：

英文思维：There is a lot of snow on the roof.

中文思维应该怎么说？

On the roof

有

a lot of snow.

最后老师给出这个例子：

英文思维：There are three people in my family.

中文思维怎么说？

In my family 我家

　　　　　　　　有

three people　三口人

　　　　↓

推出中文：我家有三口人。

（提问）　↓

推出中文：你家有几口人？（How many people are there in your family?）

Negative: 没有

如：我家没有五口人，我家有三口人。

注意：1）你家有几口人（问数量，口在这里是量词。）

　　　　2）你家有什么人（问内容）

4. 在

（1）用作动词

老师给出句子：I'm at school.

我 at 学校。

↓

在

↓

推出：我在学校。

例子：

她在饭馆。She is at the restaurant.

⟶ 在 is a verb. When it is followed by a word of locality and acts as the predicate of a sentence, it indicates the location of somebody or something.

她在银行。

↓

她在 where ?

↓

她在哪儿?

哪儿 is used to ask about the location of somebody or something.

从上述例子可以推出以下句型：

somebody/something + 在 + 哪儿?

（2）用作介词

示例： I'm at school to read books.

↓   ↓   ↓

我 在学校 看书。

从该例可推导出如下句型：

⟶ S. + 在 + location + V.

90

I'm at the hospital to work.

我在医院工作。

在 can also act as a preposition, and is often used before a word that indicates a location in order to introduce the place where an action or behavior takes place.

所以，"在"的用法有二。

1）做动词，后边加上表示位置的词语做句子的谓语，用于指示人或者事物的位置。

如：我妈妈在家。玛丽在学校。

2）做介词：后边加上表示位置的词语，用于介绍动作行为发生的位置。

如：我在学校看书。他爸爸在医院工作。

(操练)

老师展示所准备好的图片，要求学生用所学知识点表达成句，并相互提问。

5. 已经

他们已经结婚了。

↓

推出："已经"表示动作完成。

↓

已经 +V.+ 了

如：她已经睡觉了。

操练

老师表演事先准备好的动词，先让学生猜词，猜出来之后用"已经"来表达动作完成的句子。

6. 比

美国：9,631,420 km²   意大利：301,338 km²

美国比意大利大。

推出："比"用来做对象的比较：A + **比** + B + adj.

大卫：二十八岁   朱莉：十六岁

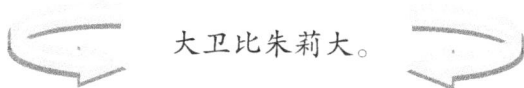

大卫比朱莉大。

　　　　　　　　28-16=12 岁

大卫比朱莉大**十二岁**。

推出：A + 比 + B + adj.+ 具体数量

所以，用"比"引出比较的句子叫作"比"字句。"比"字句可用于比较不同的人或事物，也可用于比较同一个人或事物在不同时间、不同情况下的差别。

(操练)

老师用图片或实物做对比，然后提问学生，再让学生相互提问。

小贴士

　　老师可以从介绍自己和自己的家庭打开这一主题。如果方便，老师可以向学生展示自己的全家照，然后向学生一一介绍，这样也会增加学生对老师的了解，建立一种亲切感，拉近与学生之间的距离。

小笑话

　　在汉语中，娘与妈一样，都指母亲。有一个初到中国学汉语的英国留学生，他在校园中看上了一位漂亮的中国女生。于是这位留学生给中国女生写情书，本来想写"姑娘"一词，但一时忘了"娘"怎么写，便自作聪明，以"妈"代"娘"，写成了"亲爱的姑妈"。

Dessert

饭后甜点

Fàn hòu tiándiǎn

一、课堂练习与活动 Exercises and Activities

（一）制作家庭树

老师先准备好家庭成员称谓词卡，卡片上一部分是汉字，一部分是拼音，学生需要把拼音正确地放在相应的汉字上，然后用这些称谓词卡制作一棵家庭树。

要注意的是，西方有很多离异、重组家庭等，关系比较复杂，学生有时不愿意说出自己的家庭关系。如果班上的学生有这些情况，那么老师不妨选择学生们都熟悉的公众家庭来一起制作，比如：辛普森一家、英国皇室家庭、莎士比亚家庭等，并让学生用汉语介绍。这样可以避免一些学生尴尬，保护他们的隐私。

（二）两人一组，用问答形式表达出图片中人物的职业

Anna

Jack

 Lily

 Wang Li

（三）把下面的词语整理成句子

1. 学校 / 你们 / 做 / 在 / 什么

2. 我们 / 五人 / 家 / 口 / 有

3. 王老师 / 多大 / 今年 / 了

4. 工作 / 姐姐 / 哪儿 / 在 / 你

5. 二十一 / 今年 / 岁 / 儿子 / 她

（四）判断正误并改错

1. 你妈妈今年几岁了？

2. 小明家有几个人？

3. 你今年多大了？我是二十一岁了。

4. 我家有四口人，爸爸和妈妈和姐姐和我。

5. 哥哥比我三岁大。

（五）记忆接龙

老师根据学生学习情况将学生分为三组，同时把卡片句型分为三组，举例如下。

第一组卡片：

A. 我今年十二岁，我是学生；

B. 我今年三十三岁，我是医生；

C. 我今年四十一岁，我是教授；

D. 我今年五十二岁，我是商人；

E. 我今年二十八岁，我是家庭主妇。

第二组卡片：

A. 我家有三口人，爸爸、妈妈和我；

B. 我家有五口人，爸爸、妈妈、哥哥、姐姐和我；

C. 我家有三口人，妻子、儿子和我；

D. 我家有五口人，爸爸、妈妈、两个弟弟和我；

E. 我家有六口人，爸爸、妈妈、妻子、儿子、女儿和我。

第三组卡片：

A. 我妈妈在医院工作；

B. 我男朋友在银行工作；

C. 我爸爸在学校工作；

D. 我哥哥在公司工作；

E. 我丈夫在大学工作。

每位成员都会拿到老师发的卡片。待大家准备好，老师说"开始"。各组成员小声传递卡片上的信息，从第二名成员开始，不仅要小声传递卡片上的信息，还要传递前一个小组成员告诉自己的信息，直到传到最后一个人。最后一个人要到台上说出每一个小组成员卡片上的信息。依次轮换，看哪一位记忆力最好。

该游戏可以在循环中帮助学生记忆词汇和句型，增强学生的听力能力和表达能力。

（六）谁的年龄不一样

每个学生抽取老师准备好的卡片，卡片上有年龄信息，其中有一张或两张的年龄信息和别的卡片不一样，学生们要找出这张不一样的卡片。学生拿到哪张卡片，这张卡片上的年龄就代表游戏中自己的年龄，但不能让别人看到。每一名学生都需用所学汉语知识如"你今年多大了？"去询问其他成员的年龄，回答时可以按照自己的意愿回答，也可以回答卡片上的年龄，看最后谁能找出这个与众不同者。

（七）抽签和表达

老师把学生分为两组，分别代表两个不同的家庭，然后学生抽取老师准备好的卡片。卡片上有不同的信息，包括家庭成员的角色、年龄和工作。其中一组学生先依次描述自己，同时另一组学生画出家庭图示并讲解。前一组完成之后，再换另一组进行。

（八）猜词表演

老师把学生分成两组，其中一组抽取老师准备的卡片，卡片上有不同的角色，如老师、医生、商人等；另一组学生不抽取卡片。之后，手中有卡片的学生，要表演出自己手中的角色，另一组没有卡片的学生猜词，不能重复。完成后，交换练习。

（九）击鼓传花

座位阵型可以摆成圆形或方形。老师准备一朵大红花，作为传递物。开始后，老师播放击鼓的音乐。花传到谁手中，谁便要按规定说出一个本节学习的词汇。比如第一个学生说"爸爸"，下一个学生说"妈妈"。接着下去，音乐一停，大红花在哪名学生手上，这位学生就要出来表演节目或接受"惩罚"。

（十）找不同

每个学生从老师手里抽取一张卡片，卡片上是和家庭成员相关的名词，比如"爸爸""妈妈""哥哥"等，但其中有一个或两个学生拿到的词不是表示家庭成员的词。老师要求每个人用所有格形式来表达，同时不能说出自己手中的词。如某学生抽到"爸爸"，不能说出"爸爸"这个词，而通过"我爷爷的儿子""我妈妈的丈夫"等表达形式，让其他学生猜，最后找出抽到不同词的人。

这个游戏既加强了他们对词汇的记忆，也复习了所有格的运用。

该游戏也可以换成猜词游戏，每个人拿到的词都不一样，用同样的方式描述，让别的学生猜出来。

> **小贴士**
>
> 游戏或活动的形式可以变化多样，但万变不离其宗，最重要是能够将所学知识进行有效练习、实际运用。

二、补充

老师可以带学生欣赏《龙的传人》《家和万事兴》《小蝌蚪找妈妈》等。

> **小贴士**
>
> 在学习问年龄的部分时，老师要特别注意保护学生的信息。尤其是在成人班，有的学生并不想让别人知道自己的真实年龄，如果老师没有注意这个细节，甚至可能遭到学生的投诉。老师可以准备一些假设的信息，在做练习时分发给学生，让学生用老师所给的信息进行练习。

第五主题

购物那些事儿
(Shopping)

Starters/Appetizers
餐前菜（开胃前菜）
Cān qián cài　(kāiwèi qián cài)

一、复习 Review

（一）选择正确的答案回答问题

1. 你今年多大了？	十八岁
2. 你家有几口人？	五口人
3. 你家有什么人？	爸爸 / 妈妈 / 哥哥 / 姐姐
4. 你在学校做什么？	看书

1. 你今年多大了？

2. 你家有几口人？

3. 你家有什么人？

4. 你今天下午做什么？

十五岁

六口人

爷爷 / 奶奶 / 爸爸 / 妈妈 / 弟弟

商店 / 买衣服

（二）芝麻开门

学生分为两人一组。两名学生组成一道"门"，另外两名学生要通过这道"门"，要先回答"门"的问题。两名组成"门"的学生需用上一堂课所学内容，询问来者的个人和家庭情况。如果他们能用汉语正确回答，"门"会说，"芝麻开门"。进门后的两名学生，按各自的答案，站在不同的位置。然后换下一组学生组成"门"，而之前组成"门"的学生，成为要通关的人。依次轮换，看最后哪些人的个人和家庭情况一样。

二、文化链接 Culture Link

（一）当代中国的购物文化发展

第一阶段：供销社。

第二阶段：百货商场。

第三阶段：综合购物广场。

第四阶段：互联网购物体验。

第五阶段：网络团购。

（二）中国人饮食习俗的特点（可参考文化部分）

中国人的饮食，历来以食谱广泛、烹调技术精致而闻名于世，在饮食方式上，中国人也有自己的特点，这就是聚食制。

中国聚食制的起源很早，从许多地下文化遗存的发掘中可见，古代炊间和聚食的地方是统一的，炊间在住宅的中央，上有天窗出烟，下有篝火，在火上做炊，就食者围火聚食。这种聚食古俗，一直传至后世。聚食制的长期流传，是中国重视血缘亲属关系和家族家庭观念的传统在饮食方式上的反映。

小贴士

1. 中国人吃饭的笑话

中国人吃一餐饭要打三次"架"：一是进餐厅推让座位，主客开始相互拉扯；接着上菜夹菜，主客又要你推我让；最后付账，主客抢着付钱，展开一场精彩激烈的争夺战。

2. 货币小知识

中国货币单位及名称：元 yuan/ 人民币 RMB

英国货币单位及名称：英镑 pound sterling/ 英镑 pound sterling

美国货币单位及名称：美元 US dollar/ 美元 US dollar

Main Course
主菜
Zhǔ cài

一、词汇 Vocabulary

想	xiǎng	want/would like	v.
要	yào	want/would like	v.
吃	chī	eat	v.
喝	hē	drink	v.
茶	chá	tea	n.
买	mǎi	buy	v.
衣服	yīfu	clothes	n.
商店	shāngdiàn	shop/store	n.
商场	shāngchǎng	mall	n.
超市	chāoshì	supermarket	n.
贵	guì	expensive	adj.
便宜	piányi	cheap	adj.
价格	jiàgé	price	n.
种	zhǒng	kind/sort/type	m.w.
斤	jīn	unit of weight (=1/2 kilo)	m.w.
菜	cài	dish/food	n.
米饭	mǐfàn	cooked rice	n.
面条	miàntiáo	noodles	n.
去	qù	go	v.

来	lái	come	v.
杯子	bēizi	cup/glass	n.
钱	qián	money	n.
再	zài	once more/again	adv.
真	zhēn	really/truly	adv.
水果	shuǐguǒ	fruit	n.
蔬菜	shūcài	vegetable	n.
肉	ròu	meat	n.
水	shuǐ	water	n.

扩展

香蕉 xiāngjiāo banana

葡萄 pútao grape

桃子 táozi peach

西瓜 xīgua watermelon

苹果 píngguǒ apple

胡萝卜 húluóbo carrot

土豆 tǔdòu potato

西红柿 xīhóngshì tomato

洋葱 yángcōng onion

鸡蛋 jīdàn egg

牛肉 niúròu beef

猪肉 zhūròu pork

鸡肉 jīròu chicken

鱼 yú fish

海鲜 hǎixiān seafood

咖啡 kāfēi coffee

可乐 kělè cola

啤酒 píjiǔ beer

牛奶 niúnǎi milk

果汁 guǒzhī fruit juice

二、对话 Dialogue

对话（一）

A：玛丽，你想喝什么？

B：我想喝茶。

A：你要红茶还是绿茶？

B：我要一杯红茶。

A：你想吃什么？

B：我想吃米饭。

A：你下午想做什么？

B：我想去商店。

A：你想买什么？

B：我想买一个杯子。

对话（二）

A：你好！请问你要买什么？

B：我要一个面包。

A：你要哪种？

B：我要这种，这种多少钱一个？

A：这种八块五一个。

B：我要两个，再要三瓶啤酒。一共多少钱？

A：一共四十一块钱。

对话（三）

A：你好！您要买什么？

B：我要买苹果。苹果多少钱一斤？

A：三块八一斤。

B：太贵了。

A：那种便宜。

B：那种好不好？

A：好。您尝尝。

B：我要五个。

A：这是两斤，三块钱。

B：谢谢。

A：不客气。

对话（四）

A：玛丽，我想买几件衣服。

B：我也想。我们一起去买衣服吧。

A：好啊。

（去商场）

A：这件衣服真漂亮，多少钱一件？

B：1680 元一件。

A：真贵。

B：那件比这件便宜。

A：那件多少钱？

B：1200 元。

A：可以便宜一点儿吗？

B：对不起，不讲价。

- 老师先领读并讲解大意，学生有问题可提问，老师做补充。
- 学生齐读，然后分组朗读，再分角色朗读，最后抽取学生朗读。
- 老师根据对话用汉语提问，学生用所学汉语知识回答。
- 分组练习并表演。学生把所学的东西都熟悉以后，进行分组练习，最后请学生上台表演。老师根据学生人数等具体情况，灵活采用分组或抽签等方式，尽量照顾到每一名学生，给予每一名同学练习的机会。

三、主要语法点 Main Grammar Points

1. 钱数的表达	2. 多少钱	3. 语气助词：了
4. 能愿动词：想	5. 动词重叠	6. 真
7. 再	8. 几	9. 一点儿
10. 可以		

四、课堂教学提示 Teaching Tips

词汇和语法 Vocabulary and Grammar

1. 钱数的表达（老师可展示真实钱币或用图片展示）

Units of money: 块 / 元角 / 毛分

一百元 / 块	五十元 / 块
二十元 / 块	十元 / 块
五元 / 块	一元 / 块
五角 / 毛	一角 / 毛

通常来说，"块"一般和"毛"搭配，如一块六毛，常用于口语表达。"元"一般和"角"搭配，如两块八角。

> 要购物，肯定会涉及货币，老师可以向学生展示不同的货币图片，如人民币、英镑、欧元、美元，还有各类硬币等，如果老师有一些人民币小额硬币，方便的话可以赠送给学生留做纪念。

2. 多少钱

老师展示一张图片，内容为一个杯子及其价格。

价格：28 元

问：这个杯子**多少钱**？

答：这个杯子**二十八块**钱。

推出：多少 can be used to inquire about prices. It is usually used in the sentence pattern "……多少钱？"

一个杯子多少钱？

推出询问价格的句型 A：

Num. + M.W. + N. + 多少钱？

Or 杯子多少钱一个？

推出询问价格的句型 B：

N. + 多少钱 + Num. + M.W.?

操练

老师用不同物品的图片，先问："这是什么？"学生回答，然后问数量，接着展示物品的价格，用以上句型提问学生。

3.了

问：这个杯子多少钱？

答：八十块。

回：太贵了。

推出：语气助词"了"用在句子的末尾表示确定的语气，有成句的作用。

操练

学生根据该知识点运用造句。

4. 想 / 要

想：你**想**吃什么？

　　　我**想**吃面包。

你**想**喝什么？

我**想**喝啤酒。

　　⟶ 推出：S. + 想 +V. + sth.

　　　　　　"想"用来表达一种意愿或打算。

要：请问你**要**买什么？

　　　　我**要**买苹果。

你**要**做什么？

我**要**看电影。

　　⟶ 推出：我要看电影。

　　　　　　S. + 要 + V. + sth.

　　　　　　"要"用来表达一种意愿或打算。

问题："想"和"要"都用来表达一种意愿或打算，那么它们有什么区别？

"想"和"要"都表达 want 的意思，如："我想吃巧克力"和"我要吃巧克力"都表示"I want to eat chocolate"，但是，两者又有区别：

我想去中国 ⟹ I would like to go to China.

我要去中国 ⟹ I am going to China.

要 is used to show that an action is going to happen. It is more affirmative and

108

guaranteed.

你打算去哪里？ Where are you going?

我要去中国度假三个星期 = I'm going on vacation to China for three weeks.

想 is more like the thought of doing something.

我想知道为什么，能不能告诉我？ = I would like to know why, can you tell me?

它们的否定式：不想。

我要喝咖啡。我不想喝咖啡。

我想喝茶。我不想喝茶。

(操练)

老师向学生展示准备好的图片，要求学生用所学知识点进行句子描述。

5. 动词重叠

你尝尝。

↓

V.V.（AA）

如：你**看看**。

━━━▶ 推出：动词重叠主要用于表示动作持续的时间短或者尝试进行一个动作，同时使说话人的语气显得轻松、随便。

↓

The reduplication of a verb can be used to indicate a short and quick action or expresses an attempt, showing a casual tone.

又如： 你说说。

你听听。

(操练)

学生根据该知识点模仿造句。

6. 真

问：她漂亮吗？

答：很漂亮。

老师说：她**真**漂亮。

推出：真 + adj.：表示感叹的语气，意思是的确、实在（really/truly）。

如：　你真好！

　　　这件衣服真漂亮！

（操练）

老师给出相应图片和形容词提示，要求学生造句。

7. 再

我　　Step 1. 买苹果　　　　　　　　　Step 2. 买香蕉

我买两斤苹果，**再**买一斤香蕉。

推出："再"表示一个动作或一种状态重复或继续，也可用来表示一个动作将要在某一情况下出现。

（操练）

老师设置特定情形，要求学生用所学知识点进行表达。

我想买**几**本书。

推出："几"可用来表示十以内的不定个数，后边要有量词。

如：　图书馆有几个人。

　　　我想买几件衣服。

又如：学校有几**十**个学生。

推出："几"可以用在"十"之前，表示大于二十小于一百的数字。

再如：他买了十几**本**书。

推出："几"还可以用在"十"之后，表示大于十小于二十的数字。

（操练）

老师给出一些数字的区间，学生用"几"来表达。

9. 一点儿

商店 A   商店 B

| 苹果 |
| 价格 : 12 元 / 斤 |

| 苹果 |
| 价格 : 11 元 / 斤 |

由表格信息推出 : 商店 B 的苹果便宜一点儿。

↓

"一点儿"表示数量很少，用在动词或形容词后。口语里"一"常常省略。

如 : 我去商店买点儿水果。

商店 B 的苹果便宜一点儿。

(操练)

老师给出相应的对比信息，要求学生用所学知识点进行描述。

10. 可以

老师先给出一幅买者和卖者讨价还价的图片，然后给出基本信息，如 :

A : 一百块。

B : …………?

A : 九十块。

推出 B 说的话 : 你可以便宜一点儿吗?

↓

"可以"表示许可，多用于疑问句或者否定。

例如 : 我可以看电视吗?

你可以现在去学校吗?

可用"可以"单独回答。

Negative: 不可以 / 不能。

如：我可以看电视吗?

　　　不可以。

（操练）

老师设置相应场景，要求学生两人一组相互提问回答。

Dessert

饭后甜点

Fàn hòu tiándiǎn

一、课堂练习与活动 Exercises and Activities

（一）你说 A，我说 B

这个练习有点儿像词汇链接。比如，老师想让学生练习水果或蔬菜等类别的词语，就可以将这些词语填充进 A 或 B 的位置，接力传递。可以分组进行，也可以全部学生一起进行，视学生人数和学习情况而定。以蔬菜词语为例，第一个学生说，"你说土豆我说洋葱"，第二个学生要接力说上一个学生说的词，然后再说一个新的关于蔬菜的词，如"你说洋葱我说胡萝卜"，然后再接下去，注意自己说过的词尽量避免重复。

（二）句子接力赛

句型：……里面卖……

学生需利用所学词汇按以上句子框架接力，第一个学生提问，如："超市里面卖什么？"第二个学生要回答："超市里面卖土豆。"继续问："商店里面卖什么？"第三个学生要回答，然后再提问，以此类推。如有学生回答不上来，就要受到小小的"惩罚"，然后继续开始。看哪一组先顺利完成一轮问答,哪一组胜出。注意,说话的时候，学生要一起拍手打节奏，可增添游戏的气氛。

（三）听老师说，并找出对应图片

老师准备实物图片和价格卡片，然后每一张图说一句或一段内容，学生根据听到的内容，匹配实物和价格。如：

八元　　　　　　　　五元五角　　　　　　　三块六毛

老师说话内容如下。

1.

A：你好，请问你要买什么？

B：我要买葡萄。

A：葡萄一块二一斤。你要几斤？

B：真便宜。我要三斤。

2.

今天王丽去超市买水果。她买了两斤香蕉。香蕉四元一斤。

3.

A：请问苹果多少钱一斤？

B：五块五一斤。

A：可以便宜一点儿吗？

B：不可以。

（四）选词填空

多少 / 想 / 再 / 一点儿 / 真 / 几 / 杯

1. 你今天（　　　）做什么？

2. 你可以便宜（　　　）吗？

3. 这件衣服（　　　）漂亮。

4. 苹果（　　　）钱一斤？

5. 我要一杯咖啡，（　　　）要一（　　　）水。

（五）词语魔方

老师用纸壳做一个正方形骰子，在六个面上分别写上六个关于水果、蔬菜或饮料的词和价格。学生两人一组，互掷骰子，并用所学知识相互提问，用掷到的信息进行回答。

（六）萝卜蹲：超市里面有什么？

每个人先说超市里面有什么，然后说出一个词，必须是超市里有的，如：超市里有香蕉。说对了就继续，说错了就淘汰。每一个人都按该要求表达，但是注意每一次说的词尽量不要重复，而且别停留太久，要迅速反应。看谁能坚持到最后。

（七）抢红包

学生分成两队，老师喊"开始"时，两队的每个人都可抢一个红包，每个红包里价格不等。然后各组把所得的钱分别加起来，看哪一组的钱多。钱多的一组，在回答问题时，有一次优先权。接下来两组每一轮分别先自主压钱，如 A 组想在这一轮压一百块，B 组想压六十块。然后每一轮各派一名队员，同时回答老师准备的问题，将答案写在题板上，答对的一方可获得对方压的钱。如果双方均答对，则再各抢一个红包。看最后哪一组赢钱最多，便为胜者。

红包里的钱可以用普通纸写上不同数字代表不同的钱数，也可以买市场上出售的用于游戏的纸币作为课堂游戏教具，老师视自己的教学资源而定。另，红包外包装可以用中国平时使用的红包，通常有很好看的花纹图案和汉字，比较吸引学生，如实在没有，老师可以自己做。

（八）超市大赢家

四个学生一组，每一轮选一人当组长，组长负责提问，每人都有当组长的机会。老师有一张购物单，每一轮给各组分配一个购物单上物品的词。各组组长根据该词，向自己的组员提问价格，如："苹果多少钱一斤？"每个人依次按自己的经验回答，如："苹果五块钱一斤。"然后在各自的物品表格上，填写出自己估计的物品价格。

几轮之后，填好表格，大家分别计算自己所买物品的总价，然后和老师手中的标准价格比较，谁最接近标准价格谁为胜者。

（九）青蛙跳

本游戏可用于练习所学句型，尤其是让学生记忆正确的句子顺序。

老师首先给出一个正确的句子，学生按顺序站成一排，一个人下蹲，然后念一个字，如：

香蕉两块钱一斤。

一只青蛙跳下水，香

一只青蛙跳下水，蕉

一只青蛙跳下水，两

一只青蛙跳下水，块

一只青蛙跳下水，钱

一只青蛙跳下水，一

一只青蛙跳下水，斤

老师要求学生所说句子的顺序一定要正确，错误的话，则全组重来，看哪一组最快通过。

（十）句型模仿淘汰赛

该游戏运用句型输出，比如说，对于句型"香蕉多少钱一斤？五块钱一斤"的输出。凡是类似此结构的句子，也就是只替换了名词和价格的句子，比较容易模仿出来，可照顾到基础较弱的学生。

操作这个游戏时，老师要注意把握时间上的紧凑性，要事先限定好，从第一排第一位学生开始，游戏呈 S 形进行。学生要在最快的时间内，紧接上一位同学，把同样模仿的句子说出来，两位学生之间不能有过长的时间间隔，否则就直接出局。出局的学生要接受事先规定的惩罚。

📝 **小贴士**

老师可以给学生一些相关的文化阅读材料，以丰富课堂。

二、学生阅读学习方式

（一）小组学习

老师可以以小组方式进行学习，然后要求学生用图片和文字诠释的方式做成一个导图，加上翻转教学卡片。然后做一份提问单，答案可以在翻转教学卡片里寻找；或者以小组方式进行阅读，并用图片和关键词做陈述（presentation），向全班展示。

（二）提问抢答

老师控制时间，要求学生阅读，然后老师提问，学生抢答，答对者可获得相应的分数。

综合活动

一、总结

每个主题结束之后，我都会让学生做一个自我总结，如：

* 你学到了什么？学会了什么？

* 你还有什么问题或不理解之处？

* 需要提升哪个方面的知识或能力？

或让学生做一个自我学习情况评估。老师可以根据实际情况，设计自我评估表，使学生对自己的学习情况有一个自我定位。这也是老师同学生沟通的一种方式，老师通过学生们的自我检测，了解其学习情况。此外，学生也可以以写信的方式告知，学到了什么，还想学习到什么、提高什么，等等，亲切而自然。

二、游戏

学习进行到一定阶段，老师一般都会有一个知识总结或总练习。以下是我平时常用到的比较有效的综合练习活动，借助游戏形式，把平时所学的知识都融入其中，让学生快乐地练习。

（一）爱在你心口难开

每个学生头上贴一个词卡，自己不知道头上的词是什么，也不能说出这个词，不能做这个词表示的行为动作，其他人要引诱他做出或说出这个词。

（二）谁是卧底

老师将学生分组，每一组有一个人是卧底，比如一组有七个人，在场七个人中，六个人拿到相同的一个词语，剩下的一个人拿到与之相关的另一个词语。每人每轮只能说一句话描述自己拿到的词语（不能直接说出那个词语），不能让卧底发现，也要给同组以暗示。每轮描述完毕，七人投票，选出怀疑是卧底的那个人，得票数最多的人出局。两个人票数一样多的话，则待定（就是保留）。若卧底撑到只剩最后三人，则卧底获胜；反之，则大部队获胜。

老师选择词语时，最好选择有相关性的词语来做游戏，比如"胡子"和"眉毛"，"猪肉"和"牛肉"，等等。

（三）寻宝

老师可以将不同宝藏藏到教室各个角落。根据老师给出的藏宝图，学生分组进行寻宝。藏宝图上有各种中文指示，每找到一处，学生都必须正确回答宝藏处的问题，然后按提示行动。最后看谁先集齐所寻之宝藏，即可获得奖励。

（四）锦囊妙计

老师将学生分为两组，同时给每组学生一篇汉语文章，学生必须在规定时间内正确翻译出来，但文章里会有学生没学过的词汇或语法。老师有一定数量的锦囊妙计，能帮学生翻译文章。两组学生要尽量争取锦囊妙计，以便顺利完成自己的翻译。学生想要争取到锦囊妙计，要通过老师设置的关卡，比如抽词表演、判断对错、迅速抢答等。锦囊数量有限，也不会重复，越早抢到锦囊，越有利于顺利完成任务。

（五）击鼓传花

全班学生围成一圈（如学生很多，可以分组），其中一人拿花，一人背着大家或蒙眼击鼓，鼓响传花，鼓停花止。花在谁手中，谁就要按老师要求，完成指定任务。如果花正好在两人手中，则两人可先通过猜拳或其他方式决定胜负，再进行任务指派和执行。

（六）汉语健身房

老师可以把运动和学习结合起来，有助于学生开动脑筋，发散思维。运动方式有仰卧起坐、俯卧撑、循环短跑、深蹲或蹲起跳等方便在教室内活动的项目。学生以个人为单位，分别要完成老师手里卡片所显示的汉语题目，正确者积累一分，答错者选择以上运动方式作为惩罚（老师可以根据学生情况，指定做五个或十个不等），最后看谁积分最多，谁就是获胜者。

（七）豁免权大战

老师将学生分为几组，老师出题进行复习考核，各组中最后只有一组能够获得老师手中的豁免牌，直接通过考核。每一组都将为豁免而战。

（八）问问十八猜

老师将学生分为两组，每组每轮派出一位选手，从老师手里抽一个主题词（主题词可以为人、物或事件），每一位选手都有问对手十八个问题的权利，而对手只能用"是"或"不是"回答。通过这十八个问题，选手要猜出对手手中的主题词。每一轮轮流进行，最后看哪一组在规定时间内积累答对的主题词多，哪一组胜出。

（九）过关斩将

老师将学生分为两组，每组成员分工负责挑战不同关卡。老师在充好气的气球上贴好不同的汉语词汇，然后挂在不同高度的地方，分为不同关卡。当老师喊计时开始，一组的学生要先到第一关卡，想办法取到气球，拿到贴在气球上的词汇，并且用该词汇造句。正确则过关，不正确则需围绕教室跑一圈，然后回到原地挑战。成功则同组成员挑战下一关。看最后哪一组先挑战完成，则胜出。

（十）爆料大转盘

老师制作一个大转盘，学生围成一圈，老师在中间，玩转指针，指针停下来指向谁，谁便要抽取老师手中准备的一张卡片（卡片上均为学过的汉语知识问题）。学生先大声读出卡片上的问题，然后用汉语回答，答不出来或答错，都将受到惩罚，答对则加一分，看谁最后积累的分最多，则胜出。

三、活动

（一）汉语训练营（十个关卡）

每个挑战者会收到一份通关文牒。老师设置十个关卡，每个关卡都会有挑战（挑战都和汉语有关）。学生有可能需要借助词典、网络甚至场外求助等方式才能完成。学生每通过一个关卡，老师会用印章在通关文牒上盖章。直到学生集齐十个印章，回到起点，才算完成训练营挑战。

（二）汉语迷宫（十道迷门）

每个挑战者领取一本谜语册。一个迷宫有十道迷门，每道迷门都会有挑战（挑战都和汉语有关）。学生要先解答出每一道迷门的谜语，才能知道谜语册上的信息和挑战是什么，学生有可能需要借助词典、网络甚至场外求助等方式才能完成。每一道迷门环环相扣，直到学生根据线索通过最后一道迷门，才算走出迷宫。

汉语老师可以考虑和整个语言部门或学校联合举办，把英语、法语、德语、西班牙语等各语言部门联合起来，作为语言部门的一个语言活动。

综合复习

一、主题式复习方法

例如：

我们学习了哪些语法和句型？

我们学习了哪些词汇？

天气

一起做练习。

怎么谈论天气？

常用表达方式有哪些。

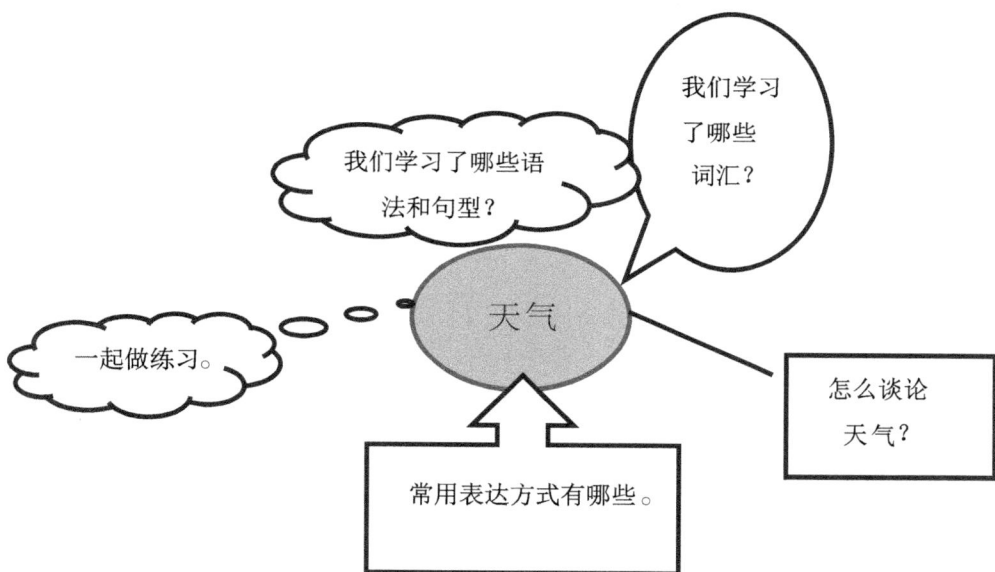

二、归纳式复习方法

（一）词汇

第一主题	你、好、认识……
第二主题	……
第三主题	……
第四主题	……
第五主题	……

（二）语法和句型

第一主题	"吗"的用法、"呢"的用法……
第二主题	……
第三主题	……
第四主题	……
第五主题	……

（三）常用表达与对话

第一主题	你好吗？ 你叫什么名字？
第二主题	……
第三主题	……
第四主题	……
第五主题	……

（四）练习检测

第一主题	翻译生词、对话搭配……
第二主题	……
第三主题	……
第四主题	……
第五主题	……

基础语法术语词汇
Glossary of Basic Grammatical Terms

作为语言老师，要对基本的中英文语法术语词汇有一定的掌握，这不仅有助于老师自身对语言的理解，而且能让老师被学生问到相关语法问题的时候解释清楚，不至于措手不及。

Noun 名词

Verb 动词

modal verb 情态动词；能愿动词

auxiliary verb 助动词

Adjective 形容词

Pronoun 代词

personal pronoun 人称代词

reflexive pronoun 反身代词

Numeral 数词

cardinal number 基数词

ordinal number 序数词

Adverb 副词

modal adverb 语气副词

adverb of time 时间副词

adverb of degree 程度副词

Preposition 介词

Conjunction 连词

Interjection 叹词

Measure Word 量词

Particle 助词
structural particle 结构助词
modal particle 语气助词
interrogative particle 疑问助词

Onomatopoeia 拟声词

Affix 词缀
prefix 前缀
suffix 后缀

Antonym 反义词
Synonym 同义词
Near Synonym 近义词

Subject 主语

Predicate 谓语

Object 宾语

Adverbial 状语

Attribute 定语

Complement 补语
complement of result 结果补语
complement of degree 程度补语
complement of frequency 动量补语

陈述句 statement

否定句 negative sentence

疑问句 interrogative sentence

反问句 rhetorical question

祈使句 imperative sentence

连动句 sentence with a serial verb construction

兼语句 pivotal sentence

形容词谓语句 sentence with an adjectival predicate

名词谓语句 sentence with a nominal predicate

主谓谓语句 sentence with a subject-predicate phrase as the predicate

文化篇

概述
中国传统文化教学与实践

中国传统文化博大精深，是世界文化宝库中非常重要的一部分。但是，在世界上很多角落里，还有很多人对中国、对中国文化一无所知。国外的学生，不像在中国的留学生那样随时随地接触最真实的中国文化。对于汉语老师来说，文化教学也是一项重要任务。

语言和文化本身是分不开的，老师应尽量以学生更易理解和吸收的方式传达中国文化之美，把文化课上得精彩。中国文化课的素材很多，内容也很多，最重要的是素材和内容的选择，怎样才能讲得通俗易懂、讲得有趣、讲得入味，又如何让学生能够进行有效的实践和体验？通常我们会以文化讲座或文化活动的形式来介绍中国文化，或是开文化兴趣课。其实，中国文化还可以作为汉语课堂的调味剂，有时候甚至还能充当急救锦囊。

老师们可能会遇到这样的突发情况：精心准备好的一堂语言课，班里大部分学生突然因为各种各样的缘由不能来上课。比如学校临时有某项活动要求部分学生参加，并无提前通知，老师是到上课前甚至是开始上课了才得知这一情况。如果继续讲新的语言教学内容，缺席的部分学生可能会赶不上进度。这时，有趣的文化课就能充当救场的重要角色。

老师平时就要注重积累，用时便可信手拈来。从我个人的教学经验来讲，我把基本的文化主题分为以下几个部分，下文中将一一介绍。学生们大多反馈说，中国文化与众不同而又有趣，"It is amazing. I love it." 这是我经常在课堂上听到的话，尤其是中国饮食，谁不喜欢中国菜呢？

第一专题
中国饮食
(Chinese Food)

中国菜是学生非常喜欢的一个话题。我在美国和英国的时候，几乎每个班的学生都多次主动请求我介绍中国菜。吃是人类的天性，关于中国菜的话题丰富多彩，老师如何从繁多的内容中"披沙拣金"，如何让学生有所学、有所用呢？

板块一：开篇热身

一、饮食文化初尝

（一）纪录片

老师可以从一些关于中国饮食的系列记录片开始聊起。比如《舌尖上的中国》（*A Bite of China*），在一些视频网站上有该片英文字幕甚至是配好英文讲解的版本，老师可以找一些有代表性的段落推荐学生观看。老师也可以选用其他相关纪录片，如《中国菜肴》等，最好选用英文讲解的，能够帮助学生理解中国菜的基本知识。

（二）名言

说到中国饮食的文化，那肯定要结合语言学习，老师可以先介绍两句中国的古典名言 (ancient Chinese proverb)。

治大国如烹小鲜，英文的翻译是：Governing a large nation is like cooking small dishes. This metaphor means that governing a large country is like practicing a fine art.

王以民为天，民以食为天，英文的翻译是：To the ruler, the people are heaven; to the people, food is heaven.

这两句话足以表达饮食对于人类的重要性。

（三）满汉全席

满汉全席（Manchu Han Imperial Feast）是能够赚足学生眼球的盛宴，不可不介绍。这清朝时期的宫廷盛宴，既有宫廷菜肴之特色，又有地方风味之精华，展示了满族、汉族菜点的特殊风味、烹调特色，是中华菜系文化的瑰宝和最高境界。

学生会问，为什么叫满汉全席？因为满汉全席原是清代宫廷中举办宴会时，满人和汉人合做的一种全席。满汉全席上的菜，起码有一百零八种（南菜五十四道和北菜五十四道），分三天吃完。满汉全席的菜式，有咸有甜，有荤有素，取材广泛，用料精细，山珍海味无所不包，足可见中国饮食的丰富性。

（四）中国人的饮食特点

介绍中国人的饮食特点很有必要，因为中国人饮食习俗中以热饮热食、熟食为主，我们觉得这样更健康。当中国人在国外喝热水时，外国人都像看外星人一样，觉得很神奇。我记得自己刚到美国的时候是夏天，看到很多人都喝冰水，我想可能是因为天气热，他们到冬天就应该喝热水了，可是到了冬天，他们还是喝冰水，我这才明白此中差异。

我的外国同事和朋友曾经问我，How can you drink hot water? 我在餐馆点热水时，服务员也用诧异的眼光看着我。

吃的方面也一样，西方人平时就是一个冷三明治加饮料，好些菜也是冷吃，牛排还只要三分熟、五分熟，而中国人一定要热且熟。

这些差异都是教学的资源，学生也认为这些知识有趣而且重要。

📝 **小贴士**

饮食教学时，多用视频、图片能更直观地吸引学生，可以让学生大饱眼福，从而达到预期的效果，所以建议老师多用视频、图片和实物等教学资源。

二、饮食礼仪

中国的饮食礼仪具有悠久而完备的历史，从宴饮之礼、待客之礼，再到进食之礼，都可以从《礼记》里找到，很多优良的传统依旧保持至今。延伸到今天的座次安排、餐具的摆放及使用、夹菜的礼节等，内容丰富，老师可以主要讲两点和实际生活比较贴近的：一是筷子的使用，二是宴席座次安排。

（一）筷子的使用

筷子的礼仪，不同于西方的刀叉盘子，学生总会很好奇。筷子是一种非常实用的饮食工具，在中国已经沿用了几千年，但还是有不少人不知道如何使用筷子。在餐桌上常见到有人挟菜挟到一半就掉了，正是拿筷子的姿势不正确所致。

筷子是利用杠杆原理设计的，有支力点、使力点、着力点，需要三力合一才可以挟取食物。大拇指固定两根筷子，中指与食指一起作用，使筷子一开一合，无名指和小拇指在下面支撑筷子，可以参照下面的示意图。

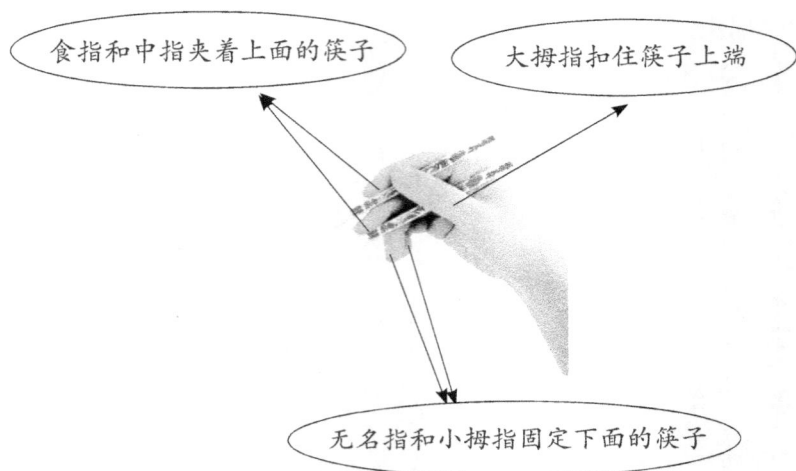

食指和中指夹着上面的筷子　大拇指扣住筷子上端

无名指和小拇指固定下面的筷子

　　筷子是吃饭的工具，而有的人却喜欢在餐桌上把玩筷子。比如有的人喜欢挥舞着筷子招呼同桌的各位，把筷子当成了指挥棒，有的人喜欢在开饭前把筷子往桌面上"嘡"地戳一下，还有的人喜欢把筷子插在嘴里或是饭里，等等。这些都是不雅、不敬的动作与习惯，一定要提醒学生注意。

　　思考

　　老师在教学的时候也要考虑到跨文化交际的内容，启发学生独立思考，运用所学知识，比如在学习筷子的文化元素时，可以提出问题让学生思考：其实使用筷子的并不只有中国人，韩国人、日本人也使用筷子，但是，他们使用的筷子和中国人使用的筷子有什么不同呢？为什么会有不同呢？中国的筷子有什么特点？韩国和日本的筷子又有什么特点？

　　✐ **小贴士**

　　学生学会使用筷子后，老师可以用一些游戏或活动进行测试。在美国的时候，我在学校开办了一个"中文天地"CLUB（俱乐部），学生放学后一起做一些中国文化活动。有一次我们亲手做了地道的中国火锅，其中学习到如何用筷子。学生学会之后，我们还开展了一个用筷子夹花生的挑战赛：在规定时间内，看谁用筷子的技术好，夹到的花生最多。学生们喜欢极了！

134

（二）宴饮礼仪的座次安排

中国人举办宴会时，一般都会事先安排好座次，以方便参加宴会的人各就各位，体现出对客人的尊重。总结起来，宴饮座次安排主要有以下几方面。

右高左低：当两人一同并排就座时，通常以右为上座，以左为下座。因为中餐上菜时多以顺时针为上菜方向，居右者因此比居左者优先受到照顾。

中座为尊：三人一同就餐时，居中者在位次上要高于在其两侧就座之人。

面门为上：如果用餐时，有人面对正门而坐，有人背对正门而坐，依照礼仪惯例则应以面对正门者为上座，以背对正门者为下座。

观景为佳：如果用餐的餐厅在其室内外有优美的景致或高雅的演出，可供用餐者观赏，则座次应以观赏角度最佳处为上座。

临墙为好：在用餐时，为了防止过往侍者和食客的干扰，通常以靠墙的位置为上座，靠过道的位置为下座。

临台为上：宴会厅内如果有专用讲台时，应该以靠讲台的餐桌为主桌，如果没有专用讲台，也可以背邻主要画幅的那张餐桌为主桌。

各桌同向：如果是宴会场所，各桌子上的主宾位都要与主桌主位保持同一方向。

以远为上：当桌子纵向排列时，以距离宴会厅正门的远近为准，距门越远，位次越高。

📝 **小贴士**

以抽签形式将学生分为不同角色，然后要求学生根据座次礼仪，找到自己正确的位置。老师也可采用填图方式，将学生分组，要求每组学生把正确的角色填到图中正确的座位上。

板块二：饮

饮食饮食，当然是有饮又有食。在西方人的饮食文化里，饮是很重要的一部分。我们经常会看到外国电影里，男男女女拿着红酒杯晃来晃去，或是早上一起来就泡一杯咖啡。西方人平时喜欢喝咖啡、啤酒或是红酒等，尤其在英国，酒吧文化很突出，喝酒是他们生活的一部分。英国人也喜欢喝下午茶，茶里喜欢加入牛奶或糖。中国的酒文化和茶文化也是很有代表性的，老师可以向学生介绍该部分文化之间的异同。

一、酒 Liquor

（一）酒的种类

白酒 White Spirits

白酒为中国特有的一种蒸馏酒，以粮谷为主要原料，由淀粉或糖质原料制成酒醅或发酵后经蒸馏而得，酒度一般都在四十度以上，四十度以下为低度酒，最具代表性的是国酒茅台。

黄酒 Yellow Rice Wine

黄酒与啤酒、葡萄酒并称世界三大古酒，是世界上最古老的酒类之一，源于中国。黄酒以大米、黍米、粟为原料，一般酒精含量在14%—20%之间，属于低度酿造酒。黄酒因含有二十一种氨基酸，营养丰富，故被誉为"液体蛋糕"，最具代表性的是绍兴黄酒。

药酒 Medicinal Liquor

药酒是将中药与酒"溶"于一体的一种酒,因为酒精是一种良好的有机溶剂,中药的各种有效成分易溶于其中,所以相互借势而充分发挥其效力,能提高疗效,并且服用方便。著名药酒有妙沁药酒,还有现在比较流行的劲酒等。

（二）酒神精神

在人类文化的历史长河中,酒,已不仅仅是一种客观的物质存在,更是一种文化象征,即酒神精神的象征。在中国,酒神精神以道家哲学为源头。庄子主张物我合一、天人合一,高唱自由之歌,倡导"乘物而游""游乎四海之外""无何有之乡"。他宁愿做自由的、在烂泥塘里摇头摆尾的乌龟,也不愿做受人束缚的、昂头阔步的千里马。因此,追求绝对自由、忘却生死利禄及荣辱,是中国酒神精神的精髓所在。

（三）敬酒礼仪

中国的饮酒礼仪体现了对饮酒人的尊重。主人和客人都有固定的座位,都有固定的敬酒顺序。首先,敬酒时要从主人开始,主人不敬完,别人是不能先敬的;其次,碰杯时,自己的酒杯要低于别人的酒杯,表示尊敬。

二、茶 Tea

中国人和英国人都爱喝茶,英国人喝茶要加糖和奶,中国茶不加,为此学生在课堂上还闹过笑话。有老师在讲解和展示中国茶并邀请学生一起品尝时,发现学生迟迟不动,老师不解,学生却问老师,牛奶在哪里? 还没有加奶呢!

中国是茶的故乡,制茶、饮茶已有几千年历史。我们常说品茶,清饮雅尝,寻求茶的固有之味,重在意境,注重一个"品"字。品茶不但是鉴别茶的优劣,还带有神思遐想和领略饮茶情趣的意境。

（一）茶的种类和代表

绿茶 green tea: 龙井 Longjing Tea

青茶 oolong tea: 大红袍 Da Hong Pao Tea

红茶 black tea: 祁门红茶 Qimen Black Tea

黄茶 yellow tea: 君山银针 Junshan Yellow Tea

白茶 white tea: 白牡丹 White Peony Tea (Bai Mudan) Tea

黑茶 dark tea: 安化黑茶 Anhua Dark Tea

花茶 scented tea: 茉莉花茶 Jasmine Tea

（二）茶艺

泡茶要素 → 品茶要义 → 茶道步骤

茶水比例
泡茶水温
浸泡时间
冲泡次数

审茶
观茶
品茶

十三道

十三道

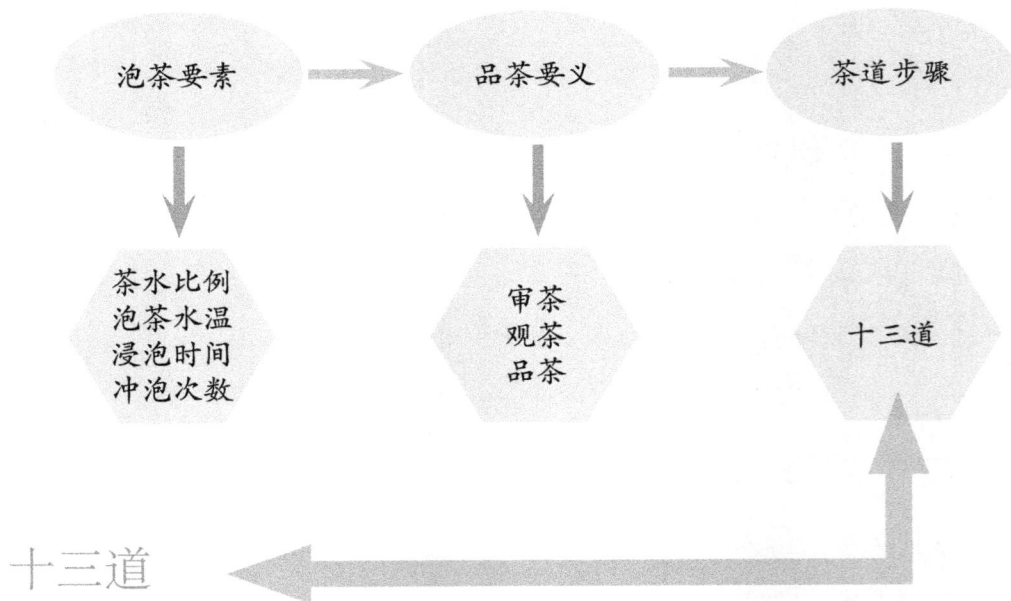

第一道　净手和欣赏器具　　第二道　烫杯温壶

第三道　马龙入宫　　　　　第四道　洗茶

第五道　冲泡　　　　　　　第六道　春风拂面

第七道　封壶　　　　　　　第八道　分杯

第九道　玉液回壶　　　　　第十道　分壶

第十一道　奉茶　　　　　　第十二道　闻香

第十三道　品茗

小贴士

老师准备图片和文字卡片，并将学生分组，然后计时，用配图进行茶道排序，看哪一组又对又快，即胜出。

（三）茶道精神

清：心境之清寂、宁静，英文可用 purity 与 tranquility 表达。

敬：对人尊敬，对己谨慎，英文可用 respect 表达。

怡：怡者和也、悦也，英语可用 harmony 表达。

真：真理之真，真知之真，至善即是真理与真知结合的总体，英文可用 truth 表达。

（四）饮茶礼仪

中国人习惯以茶待客，并形成了相应的饮茶礼仪。请客人喝茶时，主人要将茶杯放在托盘上端出，并用双手奉上。茶杯应放在客人右手的前方。边谈边饮时，要及时给客人添水。客人则需善品，小口啜饮。

（五）文化资源欣赏

老师可带学生欣赏 MV（音乐短片）《中国茶》《香飘满家》等。

板块三：食

中国文化博大精深，单是"食"这个话题，就可以长篇大论，滔滔不绝。老师要有选择性地进行介绍，有条有理，清晰易懂。

大致来说，中国南北方的饮食差异从传统的主食便可看出，老师可以从传统主食介绍入手。老师还可以介绍著名的八大菜系，每个菜系的主要风格和代表菜品，多用图片，加上老师的讲解和学生的互动，一节课下来学生就已经要流口水了。我的学生在课堂上就会一直呼喊，"老师，好饿，我们要去中餐馆吃中餐。"

一、传统主食

米饭 cooked rice

粥 congee, porridge

面条 noodles

包子 steamed stuffed bun

馒头 steamed bun

饺子 dumpling

馄饨 wonton

二、基本的五种味道

| 甜 sweet | 咸 salty | 苦 bitter | 酸 sour | 辣 spicy |

小贴士

老师可以将学生分为两人一组，其中一名表演不同的味道，另一名猜。

三、中国八大菜系

中国的传统菜肴在烹饪中有许多流派，在悠久的历史文化中逐渐形成了"八大菜系"。

菜系 Eight Types of Cuisine	口味 Flavor
川菜 Sichuan	麻辣鲜香 hot and spicy, fresh, savory and fragrant
鲁菜 Shandong	咸、鲜为主 salty and fresh
粤菜 Cantonese	原汁原味、鲜嫩、清淡 unseasoned pure flavors, fresh, tender and mild
苏菜 Jiangsu	风味清鲜、咸甜适中 fresh flavor, moderately salty and sweet
闽菜 Fujian	清鲜和醇、荤香不腻 fresh and mellow, not greasy
徽菜 Anhui	重油、重色、重火功，味道醇厚 heavy oil, heavy color, heavy fire work, mellow flavor
湘菜 Hunan	重油、重盐、重辣、腌制腊味 heavy oil, salty, spicy, salted and cured meat flavors
浙菜 Zhejiang	清鲜脆嫩，保持本味 fresh, tender and crisp, keeping the original flavor

八大菜系代表菜

川菜 **Sichuan Cuisine:**

鱼香肉丝 Fish-flavored Shredded Pork

麻婆豆腐 Mapo Tofu

宫保鸡丁 Kung Pao Chicken

鲁菜 Shandong Cuisine:

糖醋鱼 Sweet and Sour Fish

锅烧肘子 Grilled Pig Knuckles

粤菜 Cantonese Cuisine:

咕噜肉 Sweet and Sour Pork

冬瓜盅 Whole Winter Melon Soup

文昌鸡 Sliced Chicken with Chicken Liver and Ham

苏菜 Jiangsu Cuisine:

淮扬狮子头 Stewed Pork Balls in Brown Sauce

盐水鸭 Duck Cooked in Brine

闽菜 Fujian Cuisine:

三杯鸡 Chicken Stewed with Ginger and Wine in a Casserole

太极明虾 Tai Chi Fried Shrimp

徽菜 Anhui Cuisine:

火腿炖甲鱼 Stewed Soft-shell Turtle with Ham

符离集烧鸡 Fuliji Roast Chicken

湘菜 Hunan Cuisine:

东安子鸡 Dong'an Vinegar Chicken

洞庭野鸭 Dongting Duck

浙菜 **Zhejiang Cuisine:**

西湖醋鱼 West Lake Sour Fish (Steamed Grass Carp in Vinegar)

龙井虾仁 Shrimp Cooked with Longjing Tea

> 📝 **小贴士**
>
> 　　老师可以把诱人的美食图片展示给学生，以抢答的形式，让学生猜猜每一个菜品的名字。猜对一次得一分，看谁的积分最多。

四、菜肴故事

除了介绍菜品之外，老师还可以给学生讲一些很有意思的关于菜肴的典故或是传说，丰富课堂。

（一）宫保鸡丁

丁葆桢是清咸丰年间（1851—1861）的进士，原籍贵州，曾任山东巡抚，后任四川总督，生前封太子少保，被尊称为丁宫保，其智斩慈禧宠臣安德海的胆量和气魄一直被后人传为佳话。当年丁葆桢由山东调任四川巡抚，时值都江堰水患，遂前往视察。由于耽误了吃中午饭的时间，他们就在路边一家小餐馆用餐，不巧那天刚好很多菜已卖完，无菜可炒。众人饥肠辘辘，等不及去别的餐馆，店家就用鸡肉等几种原料快炒。丁葆桢觉得味道极其鲜美，非常满意，由此该菜肴被称为"宫保鸡丁"。

（二）麻婆豆腐

四川有一家饭庄专门以做豆腐为生，老板陈春富之妻掌勺，因为脸蛋上长了几颗麻子，人们便叫她陈麻婆。陈麻婆做出的豆腐又白又嫩，烧制的豆腐菜特有风味，生意十分红火，这引起了对门一家豆腐店老板娘的嫉妒。一天，一位过客提着两斤刚剁好的牛肉末来陈麻婆店中落座，对门豆腐店的老板娘便依仗自己几分姿色，勾引这位客人。客人一时兴奋，向对门走去，忘了提那包牛肉末。陈麻婆见状，心中十分生气。这时，店里又走进几位客人，他们看见餐桌上的牛肉末，便说要吃牛肉炒豆腐。陈麻婆本不想用别人的牛肉末，但客人急着要吃，加之刚才的气愤，就把这牛肉末同豆腐一起炒了。没想到这道菜做出来，色、香、味俱全，客人十分满意。后来，专门来吃这道菜的人越来越多，店中生意非常火爆，陈麻婆就干脆把自己的店名改作"陈麻婆豆腐"。随着名声越来越大，"麻婆豆腐"这道佳肴也就名扬四海，成为脍炙人口的豆腐菜肴了。

板块四：实践体验区

一、茶艺展示与实践

茶艺展示需要整套专门的器具，一些条件较好的孔子学院或学校能够配备，但是大多数国外教学点都没有。老师可以借助视频展示茶艺，如有从国内带来的中国茶，可以冲泡，请学生品尝。

实践

如有条件，老师可以先向学生实际展示茶艺的流程，然后让学生分组实际操作，老师当裁判，评出操作比较好的一组，给予奖励。或者以普通茶壶和杯子代替，用老师从中国带来的茶，让学生学习泡茶的步骤、熟悉泡茶的过程。要注意的是，老师要事先请示学校，并问清楚学生是否对茶有身体不良反应和不喝茶等习惯。

老师可以向学生展示不同的中国茶，如比较常见的绿茶、茉莉花茶、菊花茶，等等，分别将不同的茶水倒入不同的茶杯中，将学生的眼睛蒙住，然后让他们品茶并试着说出各种茶的名字。如果想难度升级，还可以在猜茶过程中混入西式茶，如英国的伯爵茶（Earl Grey tea）、早餐茶（English breakfast tea）等，看学生能不能品出哪杯是中国茶，哪杯是英国茶，并且说出具体是哪种茶。

二、中国菜展示与实践

如果条件允许，老师可以组织一次中国菜体验活动，可以借用学校的厨房，教学生做中国菜、学包饺子等，并让学生亲自体验。另一种方法是老师带学生去当地的中餐馆，虽然有些地方的中餐馆并不地道，但是餐馆的装修都还是很有中国风格的。大家可以体验一次在饭桌上的中国饮食礼仪和文化。我曾经在厨房教授学生做中国菜，也曾带学生到中国餐馆体验中餐，两种活动都有不同的收获。

实践

一般学校厨房会有几个灶台，老师可以将学生依数分组，比如四人一组。老师要事先买好材料（买材料的资金视学校情况而定，有的学校要求学生自付，有的学校会为学生负担），平均分给各组。首先，老师示范菜品的做法，并且让学生品尝做好的菜品，然后给学生规定时间，让他们完成自己的作品。为避免现场混乱，老师的准备工作一定要做足，包括食材的内容和数量分配、学生的分工合作等，都要事先交代清楚。

以下菜谱是我在咨询了学生和同事以及不少西方朋友之后选出的菜单，是西方学生比较喜欢的几个菜。

1. 宫保鸡丁　　　　2. 番茄炒蛋　　　　3. 孜然牛肉

4. 饺子　　　　　　5. 春卷　　　　　　6. 炒面

✍ **小贴士**

　　幸运饼干（fortune cookie）在西方的中国餐厅很流行，如果时间充分，老师可以和学生一起做幸运饼干。老师可要求学生每人用汉语写一句祝福的话，放在饼干里，做好后分发给大家，看看自己能拿到谁的祝福。这不仅结合了文化与语言，也达到了寓教于乐的目的。

　　如果条件不允许，老师可以在课堂上介绍一两道简单的中国菜食谱。学生愿意的话，可以回家在父母的帮助下尝试做中国菜，下一次课时把视频或照片展示给老师和班上同学。

所要注意的是，一般学校是允许做菜这样的活动的，但是需要老师事先填写申请表格，待学校批准之后才能进行。老师还要事先和负责厨房的老师商量好时间和人数，了解安全须知，掌握厨具和火的使用。

另外，老师在选择菜谱的时候还需要慎重，除了学生的喜好，建议选择做法相对简单的菜，尤其是切菜方面，以避免发生意外。比如醋溜土豆丝是一道有名的中国家常菜，我本想教给学生，但考虑到切土豆丝需要刀工，不熟悉中国菜做法的人容易切伤手，所以没有做。

食物过敏是老师需要注意的另一个重要问题，比如有的学生花生过敏。学校一般对给学生的食物有规定，在选取菜谱之前先问清楚，统计好学生对哪些食物有过敏症状。

如果去餐馆，也一定要先征求学校的同意，提前预定好时间，统计好人数，以免带来不必要的麻烦。

三、文化资源链接

老师可以给学生推荐一些与中国饮食相关的电影，比如《满汉全席》《饮食男女》《舌尖上的中国》等。

四、小调查

你最喜欢吃的中国菜是什么？

What's your favorite Chinese food?

第二专题

中国音乐与歌曲
(Chinese Music and Songs)

在我介绍中国音乐的时候，很多学生（尤其是中小学生）会告诉我，中国音乐的风格和西方音乐有很大的不同，认为中国音乐的风格太舒缓，很催眠。其实，就像我们觉得西方有些音乐形式太过吵闹一样，说到底还是文化上的差异造成了审美的差异。中国的音乐可以追溯到几千年以前。中国号称"礼乐之邦"，从古代起，音乐在人格养成、文化生活和国家礼仪方面，就有着很重要的作用和地位。孔子提出"兴于诗，立于礼，成于乐"，可见其重视程度。中国音乐有着独特的魅力，我们作为汉语教师更应该去了解它的与众不同之处，然后让学生了解。

老师可以采用中西对比的方式，介绍基本的音乐知识，让学生对中西音乐有更清晰的认识。我曾经尝试过两种方式，一是单独介绍中国音乐，另一种是把中西音乐结合起来介绍，后来发现后者的效果更好，学生也更容易接受。单独介绍中国音乐对于很多刚开始了解中国文化的学生来说很陌生，如果有他们自己熟知的对象作为对照，就相对容易理解了，这也是学生课后给我的反馈。此外，内容不宜过多和繁杂，每一个主题往深处讨论都可以成为一本书，而对于刚刚接触中国文化的人来说，老师讲得太多，学生反而会被弄糊涂，所以，老师所教的内容一定要有选择性。

一、音阶体系

中国古代音乐的音阶体系：五声，即宫（Do）、商（Re）、角（Mi）、徵（Sol）、羽（La）。

西方古典音乐的音阶体系：七音，即现代通用唱名——

Do、Re、Mi、Fa、Sol、La、Si。

中国民族乐器今天常用乐谱为简谱，而西洋乐器多数用的是五线谱。

简谱	1	2	3	4	5	6	7
唱名	Do	Re	Mi	Fa	Sol	La	Si
音名	C	D	E	F	G	A	B

我和学校的音乐老师讨论简谱和五线谱时，他们并不识简谱。我向学生介绍时，他们觉得简谱像密码一样，用数字替代，很神秘。

二、中国主要传统乐器代表

吹管乐器：笛子 bamboo flute，箫 vertical bamboo flute。

弹拨乐器：琵琶 *pipa* (Chinese lute)，古筝 *guzheng* (Chinese zither)

打击乐器：扬琴 dulcimer

拉弦乐器：二胡 *erhu* (Chinese two-stringed fiddle)

三、西方主要乐器代表

吹管乐器：长笛 flute，圆号 French horn

弹拨乐器：吉他 guitar，竖琴 harp

打击乐器：架子鼓 drum kit

拉弦乐器：小提琴 violin

键盘乐器：钢琴 piano

四、中西音乐欣赏

中国音乐强调"中和之美"，重在和谐、自然，不追求强烈。中国古人重视音乐的重要性，认为音乐可以陶冶人的性情，而五音是中正之音，可平衡人的身心。西方音乐注重的是美学及功能性，重视对他人的感染力，相比中国音乐，更注重节奏。

音乐欣赏

中国：《广陵散》《梁祝》《高山流水》《春江花月夜》《梅花三弄》等。

西洋：贝多芬第五交响曲《命运》、海顿《小夜曲》、莫扎特《费加罗的婚礼》等。

五、音乐知识拓展

介绍各种乐器或音乐知识的时候，老师可以借助图片、音频和视频这些比较直观的方式，还可以结合音乐背后的故事一起讲，不仅增添趣味性，也有助于学生对音乐的理解。比如《梁祝》的背景故事"梁山伯与祝英台"，《高山流水》

的背景故事"俞伯牙与钟子期"等。当时学生欣赏完《梁祝》，再听我讲这个凄美的爱情故事，很快联想到自己文化里熟悉的《罗密欧与朱丽叶》，更加理解了音乐想要表达的感情，这就是文化交流和学习的有趣之处。

如果老师自身会演奏某种乐器，可以现场为学生展示、表演，这样不仅能提升老师在学生心目中的良好形象，也能直观地展示中国音乐。我学习过古筝和葫芦丝，曾现场为学生表演，效果非常不错。

如果有学生会乐器的，可以尝试让他们学习中国的音乐，然后在课堂上弹奏，这样的效果是最佳的，因为学生之间能够互相影响，起到最好的鼓励作用。我在美国时，有学生会弹钢琴，拉小提琴、大提琴，还有会吹圆号的，我让他们学习经典曲目《梁祝》，然后在班上表演。其他同学崇拜了他们好几天，还争先恐后地来问我关于中国音乐的问题，并要求我提供一些中国音乐供他们欣赏。

此外，学校经常会有学生的音乐会表演，汉语老师可以争取和学校及音乐老师商量合作，融入中国乐曲的表演。

✎ 小贴士

1.老师准备图片和卡片，图片展示乐器，卡片是有关乐器的汉语词和英文词，学生需要将相对应的图片和卡片匹配。

2.老师准备之前课堂上欣赏过的中国音乐，让学生分组进行抢答，学生需要说出乐曲的名称和所用乐器，答对者获得奖励。

老师应根据教学对象的年龄和接受度，降低或增加活动难度。

中国音乐的欣赏，可以结合中国歌曲的学习，因为歌曲的学习更有实践意义。而且学习中国歌曲可以一举两得，不仅能够使学生了解中国的音乐曲风、流行音乐特点，还能够增加学生的词汇量，复习旧词语，学习新词语，巩固语法知识点，非常有助于汉语的学习。我们自己学习外语时也经常会觉得，学唱外语歌曲很有帮助，老师也常常把歌曲学习融入到教学当中。但我们经常会面临一些问题：学生的实际语言水平是否真的能达到唱某首歌的程度？面对不同的教学对象时，我们应该选择什么中文歌曲？用什么样的方法既能寓教于乐，又能达到学习语言的目的？这些都是老师时常要思考的问题。我的第一步便是从培养学生欣赏中国歌曲开始的，上课之前或课间休息时就可以做到。我一般课前都会放上几首中国家喻户晓的中文歌曲，尤其是 MV（音乐电视）拍得好的，像《中国话》《北京欢迎你》《青花瓷》《中国美》《霍元甲》，以及《健康歌》等。学生刚到教室坐下来就能欣赏一首歌曲，看看充满中国元素的画面，既是一种放松享受，也是一种耳濡目染的传授方式，便于过渡到歌曲的学习。

板块二：歌曲选择

对于刚学习汉语的学生来说，我们通常要选简单的歌曲。我认为"简单"二字包含着两层意思，一是歌词的简单，二是旋律的简单，学生能很快接受。当然，西方的整个流行音乐文化氛围决定了学生（尤其是青少年）更喜欢乐感强、节奏快的歌曲，因为听上去比较欢快。而中国很多歌曲节奏相对舒缓，比较注重韵味。有学生曾疑惑地问过我：叶老师，为什么中国的歌曲听上去总是缓慢而忧伤的？其实，中国也有很多节奏快、听起来很欢快的歌，比如红极一时的《小苹果》，TFBOYS（加油少年）的《青春修炼手册》，还有《锉冰进行曲》中的"红豆，大红豆"，既简单又有节奏感，有可能的话，老师可以教他们边跳边唱。总之，老师在选择歌曲的时候要结合教学对象和实际语言水平，通过快慢歌曲的结合，调整教授方式，选用不同的歌曲穿插教学，以达到更佳的效果。以下是我根据学生的汉语水平和实际情况，结合我教授过的歌曲、学生反馈的情况，做出的一个总结，供大家参考。

情况一

有一些歌曲是老少皆宜的，大多数情况下都可以作为教学用。譬如《两只老虎》和《生日快乐歌》是大家熟知的，歌词也相对简单，所以不论男女老少都可以学习。我最开始学习法语的时候，发现也有法语版的《两只老虎》，叫《雅克修士》(Frère Jacques)，《两只老虎》的旋律就起源于这首法国儿歌，很多学习过法语的学生也都知道。因此，不管是刚开始学习汉语的小学生、初中生还是高中生，都是可以学习这首歌的，还可以配上简单的身体动作一起边唱边跳，更有活力。此外，我会选择翻译成中文的一些经典外国歌曲，旋律都是学生熟悉的，只要学习了歌词，一首歌很快能够完成。比如《铃儿响叮当》《新年好》《祝你圣诞和新年快乐》，还有《友谊地久天长》等，旋律轻快又熟悉。我会把这些歌曲运用到圣诞节前的课程当中，也会运用到中国新年的文化活动中。一般过节时气氛很浓，这些歌曲也很应景，学生容易接受。我教的高中学生学了之后，非常开心，一看到我就开始唱《铃儿响叮当》，而小学的学生还在学校集会时用中文表演，我真的很为他们感到骄傲。

情况二

如果学生中女生相对较多，那么老师可以选择一些柔和的歌曲，如:《甜蜜蜜》《茉莉花》《月亮代表我的心》《让我们荡起双桨》等。这些歌曲歌词不算难，学过拼音的学生基本上没有发音问题。我的学生中有几个女生的声音特别好，唱起《甜蜜蜜》来真的令人陶醉。老师要对中国的经典歌曲有信心，也要对自己的学生有信心。当然，老师还可以运用各种有利资源鼓励学生，如我在课堂上向学生展示过席琳·迪翁演唱的《茉莉花》，学生看到一个同他们一样的"外国人"、一位非常著名的女歌手用中文演唱，更提高了学唱的兴致。要是女生们喜欢跳舞，老师结合《茉莉花》的扇子舞来教学也是很棒的，边唱边跳，学生一定会很享受这堂文化课。

情况三

如果学生中男生很多，老师可以选取《大中国》《龙的传人》《男儿当自强》《中国功夫》等歌曲，男孩子会比较喜欢，同时也为教授中国功夫做了铺垫。如果老师觉得整首歌较难，可以挑选其中相对容易的段落进行指导，不是每首歌都一定得整首学完，要视情况而定。

情况四

有一些歌曲比较适合年龄较小的孩子唱，老师可以应用于小学教育。例如《小星星》《小黄鹂》《娃哈哈》《小燕子》《卖报歌》《如果幸福你就拍拍手》《找朋友》《种太阳》《爱我你就抱抱我》《我的朋友在哪里》等。唱的同时可以加上简单的舞蹈，《小星星》这首歌就是有相应的舞蹈可以学习的。而像学习《如果幸福你就拍拍手》和《找朋友》这类歌曲的时候，就可以加上动作甚至游戏。小学生好动，又喜欢声音和图像，会非常喜欢，而且这种结合动作的方式使他们容易记住歌词。这些歌不仅只适合小学或是刚上初中的孩子，也可以放给比较高年级的学生听，如果他们喜欢也可以学习，没有那么绝对，这就需要老师对自己的学生有一定的了解和认知。

情况五

有时候班里可能还会有一些学生学习语言的能力稍弱，学习起来比别人慢，整首歌对他们来说会有相应的难度，老师可以选择一些合唱歌曲，让所有学生都参与进来。集体表演，一人一句，歌词有易有难，任务不重，能减轻学生压力。中文歌曲里，有一些歌曲看似较难，但适合以合唱的方式来学习，可以减轻难度，如《北京欢迎你》和《中国话》。这两首歌都是很好的歌曲，不仅可以作为欣赏中国文化元素的理想选择，还可以作为小组或团体学习中国歌曲的材料。学生在《北京欢迎你》的 MV 中会看到故宫、长城等名胜古迹，也能看到"鸟巢"、首都机场 T3 航站楼等现代化建筑，还能欣赏书法、京剧等，感受北京的魅力。我在课堂上播放了这个 MV 之后，就有好些学生主动提出，是否可以学习这首歌。在《中国话》里，学生看到世界各地的留学生说唱中国的绕口令，激发了他们学习汉语的积极性，其动感的节奏符合学生的口味，而且作为集体表演，可先一人唱一句，然后合唱，也可以分组合唱，很有气势。

📝 **小贴士**

老师准备的歌曲材料里，最好能包括汉字（如果是初学，可以加上拼音）和英文翻译，有助于学生理解歌词大意。

板块三：歌曲教授

选好歌曲之后，如何教授也很重要。在这里我总结了以下几种教学方式，学生学习之后反馈良好，我也觉得效果不错。

方法一

对零基础的学生来说，语法词汇的积累比较少，老师可以采用最基本的方式。先让学生们熟悉歌词，老师领读，然后让学生齐读，或者每个人读一句，串联起来，像学习一首简短的诗歌。如果学生们的水平已经能够看懂歌词，那就先不要给出英文翻译，让学生们自己理解，这样既达到了学习语言的目的，又能够熟悉歌词，一举两得。这些歌曲里面有一些歌词是相对简单的，有一些语法结构可能已经学习过，老师可以提及。比如《两只老虎》，可以在刚学习量词的时候便进行学习，还能巩固学生对量词的运用。学生们了解歌词之后，老师可以示范唱一遍，或者播放视频，熟悉节奏。

方法二

如果学生有一定的语言基础和词汇积累，老师可以采用补充歌词或者选词填空的方式来教学。首先可以将歌词中部分学过的词语或句子去掉，要求学生边听歌边将漏掉的词语或句子写下来，或者提供选项给学生选择。此项活动既能锻炼学生的听力，又能巩固学生所学词汇或句型，还能加深学生对歌词的记忆，为学生课后自由练唱歌曲提供方便。举例如下。

（一）两（　　）老虎，两只（　　　），跑（　　）快，（　　）得快，一（　　）没有（　　　），一（　　）没有（　　　），真（　　　），

真（　　　）。

（二）在（　　　），（　　　）哪里见过你，（　　　）笑容这样熟悉，我一时想

（　　　），啊，（　　　）梦里，梦（　　　），（　　　）里见过你，甜蜜笑

（　　　）多（　　　），是（　　　），（　　　）你，（　　　）见的就是你。

（三）1、2、3、4、5、6、7，我的朋友在（　　　），在（　　　），在（　　　），

在这里，在（　　　）（　　　）在这里。

方法三

老师可以按顺序排列歌词，把歌词按小节打乱顺序，分别标上 A、B、C、D、
E 等，学生边欣赏歌曲边还原歌词的排列顺序；也可以在听歌前将歌词句子顺序
打乱，请学生根据对句子语义的理解尝试排列句子，再听歌检查自己的排列是否
正确。这两种方法都能训练句子及语篇能力，同时也能帮助学生快速学会歌曲。
以《月亮代表我的心》为例。

A. 我的情不移

B. 你问我爱你有多深

C. 我爱你有几分

D. 我的爱不变

E. 月亮代表我的心

小贴士

老师根据学生语言水平，可要求学生边听边排序，或先排序再听歌曲检
查是否排序正确。

方法四

西方学生喜欢比较有节奏感的歌曲，如果学生想要唱快歌，但是语言又跟
不上，那么有一个很好的方式就是歌词填写、仿写或改写。老师可以和学生商量

选取一首他们熟知并喜欢的快歌，如果是中文的，可以仿照原歌词换成更容易的词，如果是英文歌曲旋律的，可以把原歌词去掉，学生自己改写填词，用学过的句型，只写一两句，重复歌唱，也没有问题。之前还有学生编出了《我的中文不好》的歌，在班里广为流传。有的老师可能会有疑问：这是不是只有语言水平比较好的学生才能做？其实，这个方法对于非常初级的学生也同样适用。举个例子，仿照《生日快乐歌》写一首歌，我们可以改为《爸妈快乐》《天天快乐》，《两只老虎》可以换成《三只小猫》，把歌词替换成别的动物词汇并替换动词，再加上表达五官的词汇，这样来改编歌词，如，"三只小猫跳得高，跳得高，一只没有鼻子，一只没有嘴巴，真奇怪，真奇怪……"这种方法未尝不可。学生能够演唱自己作词的歌曲，不仅能让他们感到自豪、更有自信，还能提高学生的写作能力，可谓一箭双雕。我在小学教授这首歌的时候，还加上了身体动作，边跳边唱，大家学得也很高兴。其实小学生接受能力是很强的，加上旋律熟悉，他们很快就学会了，下课之后，还在走廊上用汉语哼唱。看到孩子们开心的样子，我觉得很欣慰。

方法五

如果学生的汉语水平真的还没有达到能用汉语唱歌的水平，或是某些情况下学生可能无法完成中文歌词的学习并唱出歌曲，那么老师还有一种方法：可以把中国文化中有名的曲子，用英文的歌词唱出来，用英文唱中文歌。很多时候学生不太理解中国的音乐曲风，又不懂歌词，所以才觉得比较难，而这种方式能让学生更容易喜欢上中国的音乐形式。英国一位本土老师就用《紫竹调》为曲，加上了英文歌词，学生唱出来好听极了。也可以选歌词里最简单的词汇唱中文，其他唱英文。我之前教授刚接触汉语的中小学生时，正好快过中国新年，我就把《恭喜恭喜》这首歌的英文教给他们了，里面只有"恭喜你"保留的是汉语拼音，曲风和视频风格都保持了中国新年特有的热闹和喜悦。

Every street and every lane,

Everyone is greeting,

When we meet and say hello,

They all greet with gongxi,

Gongxi gongxi gongxi ni ya,

Gongxi gongxi gongxi ni.

Spring time will be coming soon,

Bringing us the good news,

A soft warm breeze is blowing,

Giving life to the good earth,

They all greet with gongxi,

Gongxi gongxi gongxi ni ya,

Gongxi gongxi gongxi ni.

板块四：歌曲游戏

　　歌曲的学习是一件劳逸结合的事情，很多学生都喜欢，因为歌曲能够使他们得到身心的愉悦。一些喜爱表现自己才能的学生，更是觉得表现的机会来了。为了丰富和活跃课堂，老师可以借鉴平时娱乐节目里的一些游戏形式，把它们运用到课堂上。以下是我借鉴运用过的一些游戏，在教学实践中起到了不错的教学效果，学生也认为这些学习的方式对他们很有帮助。

一、疯狂练歌房

　　老师可以借鉴《快乐大本营》里的疯狂练歌房游戏，将学生分为两组，抽取所学过的一首中文歌，来个 PK 大挑战。每个人唱一句，歌词和音都要对。唱对了，下一个人可以接着唱；唱不对，下一个人要唱上一个人没有唱对的那一句。让每一个人都有机会唱，看哪一组先完成一首歌。

二、歌曲连连唱

　　老师将学生分组，然后可以选择个唱或合唱的形式，抽签决定哪一组先唱，一组唱完，另外一组必须马上接着唱，不断循环。唱过的歌曲不能再重复，看哪一组会唱的歌曲多。

三、我要记歌词

　　老师可以借鉴《我爱记歌词》的节目，为学生们准备好之前学过的中文歌，然后个人或分组挑战，看谁在唱时能完全记对歌词。谁或哪组记对的歌曲最多，则胜出。

四、听前奏猜歌名

可以比赛形式分组进行，老师先播放平时学习或欣赏的中文歌曲，学生分组抢答，说出正确歌名，并唱出歌曲（至少正确唱出第一句，歌词要唱对）。哪一组学生猜对和唱对的歌曲最多，便胜出。

第三专题
中国功夫
(Chinese Kung Fu)

西方学校非常重视体育，足球、篮球、橄榄球等体育项目都很流行。学校之间经常有学生比赛，学生可以因为比赛而不来上课。美国之前因学校过于重视体育还曾引起过教育界的讨论。我在英国任教的学校大厅里甚至设有电视，如有特定的体育赛事，老师会在学生休息区播放。此外，学校每学期还有固定的奥林匹克运动周。在中国文化里，和运动相关而又令西方学生非常感兴趣的，便是中国的传统武术——功夫。从过去的李小龙、成龙，到今天的李连杰、甄子丹，他们的动作都酷极了，让学习汉语文化的西方学生，尤其是男生们，垂涎欲滴，激情澎湃！

板块一：开门有法

老师应如何教授基本的功夫知识呢？首先，老师要为学生讲解功夫的概念。到底什么是功夫？很多外国人觉得，既然中国功夫很厉害，打打杀杀，能制服别人，那么中国人是不是很暴力？老师应当解除学生的顾虑和误解，告诉他们，中国功夫是一种人生哲学。在中国几千年的历史中，人们最开始是为了自卫、获取食物，或是争夺财富和权力，逐渐积累成了攻防、格斗的技能，并且发明了各种各样的兵器。但是，随着社会文明的不断进步，中国功夫已发展成为一项体育运动，而非过去攻击性很强的生存技能。中国功夫内外合一的哲学思想，又决定了习武之人的武德。如今的功夫，多是运用在表演场合或是作为体育运动出现，大众平时练习的目的，也更多是锻炼身体，有益身心。

课堂上，老师可以先借助视频资源展现功夫的魅力，播放几段精彩的功夫表演视频。如2013年赵文卓的《少年中国》武术表演，2015年春节联欢晚会吴京和张震的《江山如画》武术表演，甚至"汉语桥"中文比赛里外国学生们的武术表演视频，都可以作为课堂功夫欣赏的资源。老师还可以播放屠洪刚的歌曲《中国功夫》，增加现场气氛。功夫，相对来说实践性比较强，老师的教学可以配合演示动作进行。开场点燃学生们的激情之后，老师便可以通过视频教学，并现场展示表演，让学生跟老师一起实践。老师可以从功夫里的抱拳礼开始，教授学生如何行礼，然后再教授基本的手型和步型，逐步学习功夫的套路。当然，功夫的套路选择，要具体情况具体分析。

板块二：套路选择

中国功夫的武术门派和套路众多，老师在选择套路的时候，也要考虑到各方面的因素。有些老师一开始就选择太极拳二十四式，其实太极拳是较高的一种武术形式，强调内在的气和力，囊括了很多动作，对于初学者，尤其是年纪较小的学生来说，不容易理解，也就不易提起他们的兴趣。根据自身经验，我总结了以下几种情况。

情况一

如果班上男生多，长拳中的五步拳是不错的选择。长拳动作漂亮，有功夫的架势，对于老师和学生来说都不难。老师不用一开始就讲得多深奥，可以融入一点哲学知识，把理论和实践结合起来。如果老师能够穿上功夫服饰进行展示，会显得更加专业，学生也会感到更加真实、帅气。

情况二

如果班上女生比较多，我觉得载歌载"武"的功夫扇套路是比较合适的选择，因为功夫扇融入了舞蹈动作，加上扇子一挥舞，魅力难挡。扇子本身是生活用品，在这里又作为一种武器，同时也是一种极好的装饰。扇子的挥舞与武术的攻防技术巧妙结合，刚柔相济，形神兼备，能吸引女生的兴趣。

情况三

如果教授的是成人班，并且班上年纪稍长的人比较多，那么二十四式简化太极拳是一个不错的选择。成年人对理论的理解更深刻，也更有耐性，太极拳的动作节奏起伏没那么大，学生也可以把它作为早晨锻炼身体的一种方式。

板块三：功夫实践体验

一、抱拳礼（Fist-wrapping Salute）

中国是礼仪之邦，非常讲究礼仪，通常习武者在见面时要行礼，称之为抱拳礼。一般做法是：两臂平伸与地面平行，肘尖向外，左手成掌，右手成拳，左掌搭在右拳上，向前一推。

基本手型（Basic hand gestures）

拳 (fist)

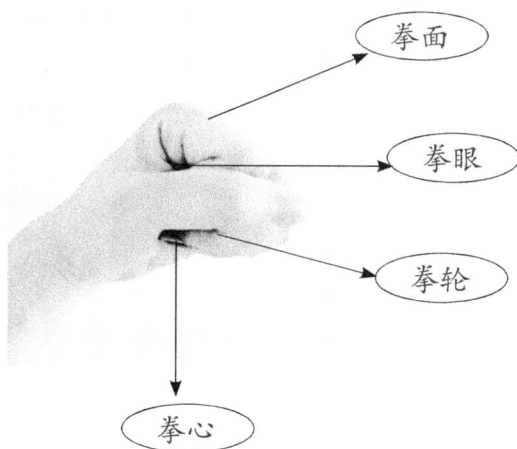

掌 (palm)

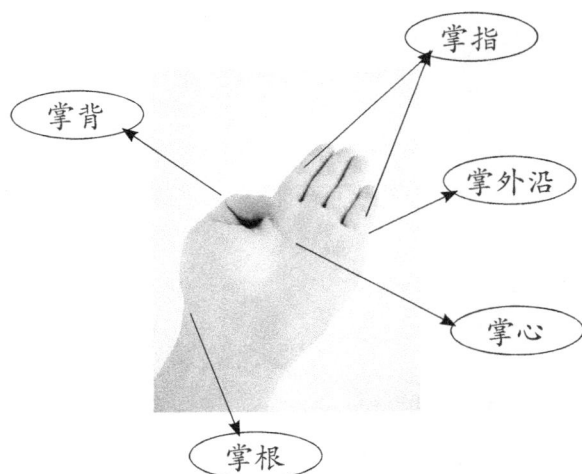

勾 (hook)

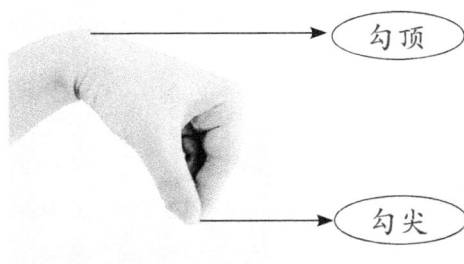

基本步型：弓步 (bow stance)、马步 (jockey stance)、虚步 (tiptoe stance)、歇步 (resting stance)、仆步 (drop stance)。

（弓步）　　　　　　（马步）　　　　　　（虚步）

（歇步）　　　　　　　　（仆步）

二、五步拳（Five-step Form）

五步拳是长拳套路中最简单的套路之一，是结合长拳的主要步型、步法和手型、手法编成的组合练习，动作漂亮，舒展大方，快速有力，节奏分明，起伏多变，转折灵活，学生表演起来有功夫电影里的感觉，孩子们很喜欢。

（一）教法提示

1. 老师教学生先掌握单个动作,然后再带学生练习两个动作以上的组合动作,并逐渐过渡到整套组合动作的练习。

2. 老师带学生进行组合动作的练习，主要是巩固和提高基本动作，教学中先以步型、手型、手法的训练为主，而后再逐渐做到"手、眼、身法、步"的协调一致。

3. 待学生们动作熟练后，老师可带大家左右势互换，重复练习。

（二）主要动作名称

1. 弓步冲拳 (Lunging punch in bow stance)

2. 弹腿冲拳 (Punch-kick combo)

3. 马步架打 (Jockey stance block)

4. 插步盖掌 (Cross-step strike)

5. 歇步冲拳 (Fist thrust in resting stance)

6. 提膝穿掌 (Knee raise with palm cross)

7. 仆步穿掌 (Palm cross in drop stance)

8. 虚步挑掌 (Palm jab in tiptoe stance)

9. 并步抱拳 (Feet and fists together)

（三）主要动作步骤

1. 弓步冲拳：左脚向左迈出一步成左弓步，同时左手向左平搂后收抱腰间，右拳前冲，并目视前方。

2. 弹腿冲拳：重心前移至左腿，右拳先屈膝提起再向前弹踢，同时左拳前冲，右拳收抱腰间，并目视前方。

3. 马步架打：右脚内扣落地，身体左转九十度，两腿屈膝下蹲成马步，同时左拳变掌，屈臂上架，右拳向右侧冲出，头右转，目视右方。

4. 插步盖掌：重心稍起，身体左转，左脚向右脚后插一步，同时右拳变掌经头上向前下盖，掌外沿向前，左手变拳收抱腰间，目视右掌。

5. 歇步冲拳：两腿屈膝下蹲成右歇，同时左拳前冲，右掌变拳收抱腰间，目视前方。

6. 提膝穿掌：身体立起左转，右脚内扣支撑，左腿屈膝提起，同时左拳变掌收至右腋下，右拳变掌，掌心朝上，从左手背穿出，目视右掌。

7. 仆步穿掌：左脚向左落地成左仆步，左掌掌指朝前沿左腿内侧穿，目视左掌。

8. 虚步挑掌：左腿屈膝前弓，右脚蹬地，并向前上步成右虚步，同时左手向上，向后划弧成勾手，右手向下，向前顺右腿外侧向上挑掌，目视前方。

9. 并步抱拳：左脚向右脚靠拢成并步，同时左勾手和右掌变拳，回收抱于腰间，目视前方。

三、功夫扇

"太极功夫扇"简称"功夫扇"，它融合了太极拳与其他武术、舞蹈的动作，将古老的武术运动和现代歌曲巧妙结合在一起。太极与扇的挥舞动作相结合，刚柔并济，载歌载舞，充满了飘逸潇洒的美感与武术的阳刚威仪，而且易学易练，同时具有观赏性及艺术性，是老师进行功夫教学的不错选择。

（一）教法提示

功夫扇对手眼身法步都有一定的要求，如心平气和、人顺扇走、扇顺意行、动作要做到位等，主要需做到以下几方面。

1. 身体要柔和，姿态要优美，手和脚在伸缩时要留有一定的弯度，不要伸直。

2. 要注意扇子的花样。功夫扇的花样主要有开扇、合扇、刺扇和转扇。开合时要顺着扇子的走向，迅速甩开或握合；刺扇时要合扇用力前刺或下刺；转扇时要把扇子在手心里自由转动，挽扇花的速度要快，才不至于掉在地上。

3. 手眼要随扇走，扇子打到哪，手眼就跟到哪。步子以弓步、仆步、歇步、交叉步为主，行走间要轻盈自如。扇子的开合要利落，大开大合，以达到美观效果。

（二）主要动作名称

1. 预备式（Preparation form/Opening position）：并步直立，右手持扇。

2. 并步抱扇（Hold fan at attention）：双脚并步直立，双手抱扇。

3. 马步格扇（Parry fan in jockey stance）：左脚打开，屈膝成马步。两臂打开，体侧格挡。

4. 弓步刺扇（Jab with fan in bow stance）：向左转身，双腿成弓步，右手刺扇。

5. 回身架掌劈扇（Thrust with hand and chop with fan in bow stance）：向右转身，成右弓步。右手抡劈，臂与肩平。

6. 弓步开扇（Open fan in bow stance）：保持姿势不变，抖腕开扇。

7. 高虚步合扇（Close fan in high tiptoe stance）：重心后移，起身站立，成高虚步，持扇腰间。

8. 马步刺扇（Jab with fan in jockey stance）：向左转身，屈膝马步，右手刺扇。

9. 并步砸拳（Join feet and hammer fist）：右脚左收，屈膝并步，持扇砸拳，扇尖朝前。

10. 下蹲转身扫扇（Squat and sweep fan with the body turned back）：右后撤步下蹲，右臂伸展，用力后扫。

11. 右弓步刺扇（Jab with fan in right bow stance）：起身直立，右脚上步成右弓步，右手刺扇。

12. 右弓步开扇（Open fan in right bow stance）：保持姿势不变，抖腕开扇，扇沿朝前。

13. 歇步云抱扇（Hold fan in resting stance）：右脚撤步，头顶云扇，蹲成歇步，持扇抱于胸前。

14. 提膝抱扇（Lift knee while holding fan）：起身直立，右脚迈步，提起左膝，收扇腰间。

15. 垫步左弓步刺扇（Jab with fan in left bow stance）：左脚上步，前跳成左弓步，右手持扇。

16. 插步后击扇（Jab with fan backward in cross stance）：左脚后撤，翻手后击，

扇同肩平，目视扇尖，同时，左手持掌，掌心朝上，指向斜上方。

17.插步开扇（Open fan in cross stance）保持姿势不变，抖腕开扇。

18.转身云扇（Raise fan and turn around）：右掌下翻，右臂伸直，左掌向下，落在胸前。左转180度，重心左移，左掌下翻旋转，同时，右手至头顶，翻转360度，保持平衡。

19.直身抱扇（Craddle the fan and stand up）：左脚左迈，身体直立，抱扇胸前。

20.收式（Finish）：左脚向右成并步，身体直立，右手胸前合扇，左手接扇。

✎ 小贴士

具体动作示范请搜索"功夫扇动作要领"，或参见相关网站。

四、二十四式简化太极拳

太极拳，是以中国传统儒、道哲学中的太极、阴阳辩证理念为核心思想的一种内外兼修、柔和、缓慢、轻灵、刚柔相济的汉族传统拳术。二十四式简化太极拳汲取了杨氏太极拳之精华，内容精练、动作规范，并且充分体现了太极拳的运动特点，非常适合作为成人的教学套路。

（一）教法提示

1.心静体松

心静是指在练习太极拳时，思想上应排除一切杂念，不受外界干扰。体松是指在保持身体姿势正确的基础上，要有意识地让全身关节、肌肉以及内脏等达到最大限度的放松状态。

2.圆活连贯

圆活连贯首先指的是肢体的连贯，以腰为枢纽；其次要求动作与动作之间的衔接，即前一动作的结束就是下一动作的开始，招势之间没有间断和停顿。圆活是在连贯基础上的进一步要求，意指活顺、自然。

3. 虚实分明

下肢以主要支撑体重的腿为实，辅助支撑或移动换步的腿为虚；上肢以体现动作主要内容的手臂为实，辅助配合的手臂为虚。虚实不但要互相渗透，还需变化灵活。

4. 呼吸自然

太极拳的呼吸方法有好几种，如自然呼吸、腹式顺呼吸、腹式逆呼吸等。初学者宜采用自然呼吸。不论采用哪一种，呼吸都应自然、匀细，徐徐吞吐，要与动作自然配合。

（二）主要动作名称

第一式　起势 (Beginning position)

第二式　左右野马分鬃 (Part the wild horse's mane down the middle)

第三式　白鹤亮翅 (White crane spreading its wings)

第四式　左右搂膝拗步 (Knee-brushing twisting-foot steps)

第五式　手挥琵琶 (Play the lute)

第六式　倒卷肱 (Reverse step with opening arms)

第七式　左揽雀尾 (Grasp the bird's tail on the left side)

第八式　右揽雀尾 (Grasp the bird's tail on the right side)

第九式　单鞭 (Single whip)

第十式　云手 (Wave hands like clouds)

第十一式　单鞭 (Single whip)

第十二式　高探马 (Step up to examine the horse)

第十三式　右蹬脚 (Right heel kick)

第十四式　双峰贯耳 (Strike with both fists at ear level)

第十五式　转身左蹬脚 (Turn with left heel kick)

第十六式　左下势独立 (Stand alone on the lower left)

第十七式　右下势独立 (Stand alone on the lower right)

第十八式　右左穿梭 (Weave on the right and left)

第十九式　海底针 (A needle at the bottom of the sea)

第二十式　闪通臂 (Flash of the arm)

第二十一式　转身搬拦捶 (Turn, deflect downward, parry and punch)

第二十二式　如封似闭 (Withdraw and push)

第二十三式　十字手 (Crossed hands)

第二十四式　收势 (Closing position)

✏️ 小贴士

具体动作示范请搜索"二十四式简化太极拳动作要领"，或参见相关网站。

板块四：活动展示

一、功夫汇演

教学功夫之后，老师可以组织一次班级功夫汇演，男生和女生先分别表演，再混合表演。

二、功夫表演比赛

如果学生学得比较好，也比较有信心，老师可以组织一次功夫表演比赛，可组织学生分为功夫扇组、太极拳组、长拳组等，并给予获奖者一定的奖励。

📝 小贴士

招式的术语，讲解起来大多并不那么容易，老师可以用更加简单直接的方式讲解，并直接做动作展示，将正确和错误的姿势做对比，学生更容易理解。待学生熟悉姿势以后，再让学生记忆每一招式的名字。另外，老师如果单纯地教授武术招式，学生可能会觉得无聊，尤其是年纪小的学生，老师可以把动作要领和课堂游戏结合起来，把招式融入游戏中，这样更具趣味性，小孩子们也更容易接受。老师还可以运用对抗式的方法来指导学生练习，西方学生平时比较喜欢比赛竞争的方式，这会使学生感到更有动力。当然，老师一定要注意分寸和尺度。

三、文化资源链接

老师可以推荐一些好的功夫电影给学生看，让学生更好地理解中国功夫的精神。近年来有几部关于功夫的电影还不错，比如《叶问》《功夫熊猫》《功夫梦》《一代宗师》等，这些都是教学欣赏时不错的素材。

学生现场学习展示图片

第四专题
中国剪纸
(Chinese Paper Cutting)

剪纸是一种镂空艺术，也是最为流行的汉族传统艺术之一，从古流传至今，经久不衰。学生能够从剪纸实践中、从自己的剪纸作品中找到成就感。我认为，剪纸是手中的舞蹈，如同画家的画笔，能够展现任何我们想要展现的东西。

板块一：知识链接

一、什么是剪纸

中国剪纸是一种用剪刀或刻刀在纸上剪刻花纹，用于装点生活或配合其他民俗活动的民间艺术。民间妇女在节日期间用彩色纸剪成各种花草、动物或人物故事等，贴在窗上的称为"窗花"，贴在门上的称为"门笺"，用于喜庆的称为"喜花"。该艺术大约有两千多年的历史，拥有独特的东方神韵、精巧的魅力，能使人感到浓浓的生活气息和欢乐喜庆的气氛。

小贴士

老师可先向学生展示一些比较好的中国剪纸艺术作品，呈现剪纸各种各样的美，并穿插文字介绍，给学生提供丰富的图文信息。要注意的是，如果教学对象是年龄偏小的学生，老师不必讲得过于复杂，因为小学生大多没有耐性听太久。要是教学对象是大学生或成人，老师可简单介绍一下剪纸的历史、特性、展现形式、用途，再介绍一般的制作方法，进入实践环节，从易到难，逐步完成剪纸作品。展示作品时，最好能展示老师亲手做的，学生会对老师产生崇拜感。如果没有，老师也可以在网上或当地商店买到，同时还可以用更多精美的剪纸图片吸引学生，比如用剪纸剪的贾斯丁·比伯的肖像、有中国特色的祝福语等。实践时，学校通常都会提供剪刀和彩纸，有些教室里本身会自带，有些没有，没有的话，老师可以找学校前台或是部分相关负责人，他们会帮助解决。

二、剪纸艺术的历史由来和发展

汉代：中国人运用薄片材料，通过镂空雕刻的技法制成工艺品，这早在西汉时代未发明纸之前就已流行，即以雕、镂、剔、刻、剪的技法，在金箔、皮革、绢帛，甚至在树叶上剪刻纹样。

唐代：唐代是剪纸的大发展时期，剪纸手工艺术达到很高水平，并广泛流传于民间。唐代诗人李商隐《人日即事》诗中，就有"镂金作胜传荆俗，剪彩为人起晋风"的描述，也记载了剪纸的历史。

宋代：宋代造纸业成熟，纸品名目繁多，为剪纸的普及提供了条件。南宋时期，已经出现了以剪纸为职业的行业艺人，民间剪纸的运用范围逐渐扩大，剪刻手法更加多样。

明清时期：明清时期，剪纸手工艺术走向成熟，并达到鼎盛时期。民间剪纸手工艺术的运用范围更为广泛，民间彩灯上的花饰，扇面上的纹饰，以及刺、绣的花样等，都会利用剪纸工艺作为装饰。更多百姓将剪纸作为装饰家居的饰物，美化居家环境，如门笺、窗花、柜花、喜花、棚顶花等。

三、故事传说一

公元前11世纪，西周时候的周成王是第一位被载入史册的剪纸作者。有一天，周成王姬诵用梧桐叶剪成一个玉圭的图样（"圭"是古代帝王、诸侯朝聘、祭祀时所持的玉制信物），赠给他的弟弟姬虞，令其到唐国去当诸侯。君无戏言，他的弟弟就拿着周成王剪的"圭"去了封地。史学家司马迁就在《史记》中记下了"剪桐封弟"的故事。后来从皇室到民间，大家都学着剪影。

到汉文帝的时候，已有了"汉妃抱娃窗前耍，巧剪桐叶照窗纱"的典故。贵族们用金、银、帛剪成金属饰片相互赠送，以求友好吉祥。到了东汉，蔡伦造出了纸，大家才有了真正的剪纸材料。剪树叶的人少了，剪纸的人越来越多，并在民间广泛流传，遍及全国。

四、故事传说二

关于剪纸艺术，还流传着一个动人的故事。传说汉武帝宠爱的妃子李夫人不幸病世，汉武帝非常悲伤，日夜思念。有人自称能为汉武帝再现爱妃的身影。夜晚，他在一顶方帐中点燃蜡烛，用纸剪成李夫人的影像，在帐子上映出亡妃的身影。汉武帝如见其人，更加悲切，作诗道，"是耶非耶，立而望之，何姗姗其来迟。"自此，从剪纸中派生出了另一种艺术——"皮影戏"，至今还在民间广泛流传。

五、剪纸的用途

1. 窗花：贴在窗户上做装饰。

2. 角花：贴在门窗的边角。

3. 喜花：用在婚嫁喜庆的礼盒上。

4. 鞋样花：用在妇女与孩童的鞋面上，以便刺绣。

5. 枕头花：用在枕头上的花样，也可以刺绣。

6. 肚兜花：用于妇女肚兜的刺绣花样。

7. 帽花：用于妇女及孩童帽子上的刺绣花样。

8. 灯花：贴在灯上点缀用的花样。

9. 团花：用在天花板中心的花样。

六、制作工具和主要方法

剪纸的工具主要是剪刀、刻刀、蜡盘、纸张、磨石、粉袋、砖等。

剪纸的制作方法主要有：阳刻、阴刻、阴阳刻。

1. 阳刻

以线为主，把造型的线留住，其他部分剪去，并且线线相连。还要把形留住，形以外的剪去，称为正形。

2. 阴刻

以块为主，把图形的线剪去，线线相断，并且把形剪空，称为负形。

3. 阴阳刻

阳刻与阴刻的结合。

民间剪纸来源于生活，创作者把他们对生活、对自然的认识和感悟，以剪纸的艺术形式表现出来，作为内心情感的一种表达，因此，这种艺术表达重在神似，而不是形似。同时，受剪纸工艺的限制，不宜采取完全写实的手法，只能采用突出表现对象轮廓特征的手法，因此夸张和变形成为剪纸中最常用的表达语言之一。

板块二：实践体验区

剪纸实践应从容易的作品开始练习，这样不会太为难学生。完成之后，学生会有小小的成就感，可以继续挑战更多的作品。此外，老师在教学之前可以先向学生展示成品，然后让学生猜一猜剪纸作品是如何做出来的。这样不仅增加了趣味性，也能培养学生的想象力和动脑观察的能力。

一、熊猫

就我的经验来说，西方学生非常喜欢熊猫，尤其是年龄比较小的学生。大家知道，中国是熊猫的故乡，物以稀为贵，熊猫在西方更是稀世珍宝。很多孩子都没有真正见过熊猫，所以一见到熊猫，孩子们就激动地跳了起来，高声呼喊："Panda, 熊猫！"

方法提示

老师把印有熊猫的纸打印出来，然后沿着边剪出熊猫的轮廓，再粘贴在白色的卡纸上。老师亦可要求学生先把熊猫画在卡纸上，然后再剪。如果想要升级一点难度，老师可以给学生分发白色 A4 纸，要求学生把纸对折，然后画上熊猫的一半，再沿边剪裁下来，打开便是一个完整的熊猫。

二、汉字空花剪纸：福字

汉字空花剪纸将中国文字、书法与剪纸进行了有机的结合，既有书法的用笔、用墨和对字体的考究，又有经过剪纸艺术的揣摩和装饰后呈现的精妙，是一种很难得的艺术形式。

方法提示

老师可以事先打印好足够的份数，分发给学生，然后教他们沿着边儿剪一个中国字——"福"fú，是"blessing，good fortune，happiness"的意思。只要求学生按照纹样剪出来就可以了，学生不会觉得太难，也会很高兴他们第一次剪了一个中国字。

接下来老师可以问学生，你们想不想要更多的"happiness？"学生一般都会回答"yes"。那么我们就可以继续学习"囍"字的剪法。

三、汉字空花剪纸："囍"字

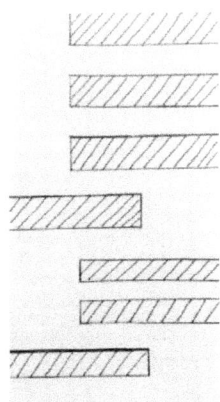  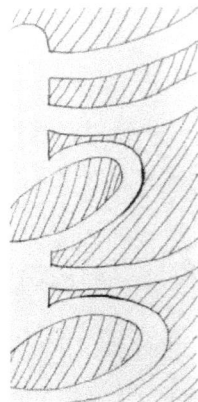

式样一　　　　　　式样二　　　　　　式样三

方法提示

老师可以介绍"囍"xǐ 字，直译是双喜（double happiness）的意思，寓意很好,中国人常常用来装饰婚礼现场和新婚的房间。现在就让我们来做一个"double happiness"，但是难度会增加一点。要先折好纸，用铅笔在折好的纸上画出老师提供的图案后，再剪掉阴影部分。老师要提醒学生注意折纸两边的方向，闭口侧面的一方朝向右手处，面朝上，一定不要弄错，不然剪出来不是一个连接完整的"囍"字。此外，老师还可以告诉学生，"囍"字的剪裁形状有三种，一种是基本纹样，一种是带有半圆心形的纹样，还有一种是带有整颗心型的纹样，可以根据喜好自由选择。

四、金鱼

方法提示

老师可以教学生剪一些简单的小动物，比如制作金鱼。金鱼在中国传统文化里有吉祥的寓意。金鱼剪纸需要注意的是，金鱼的眼睛和尾巴处相对不太好剪，建议学生折叠之后再剪，会更容易。

五、小猴

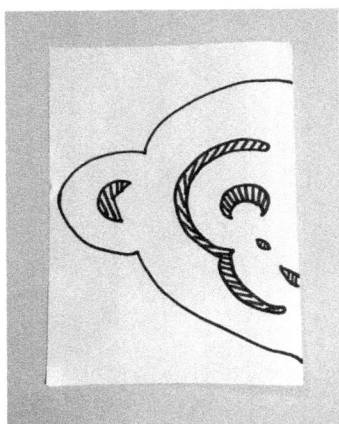

方法提示

老师还可以根据十二生肖故事来选择剪纸的内容，结合实际，比如猴年可以带学生剪可爱的小猴。先用一张纸，将其折叠，然后画出小猴的一半，再进行裁剪。同样，小猴的空花部分不容易剪，建议学生折叠之后，将其剪出一个小口，然后再用剪刀沿边裁剪。也可以选择学生的生肖来剪，比如一个班上学生的生肖基本都是猴年的，那就大家一起剪小猴。如果大家的生肖都不一样，那老师可以准备十二生肖的头像剪纸，学生选择自己的生肖来练习。

六、蝴蝶

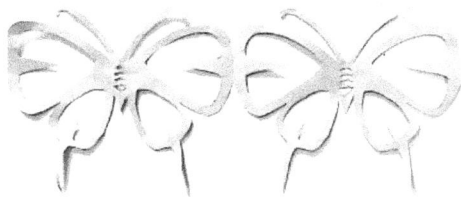

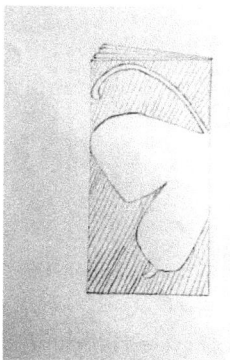

方法提示

连续的蝴蝶剪出来是很漂亮的，尤其是作为花边装饰。老师可以按照图片里的方式指导学生。需要提醒学生注意的是，边侧不要全部剪断，要不然就连续不了了，而且一定要分清纸张折叠的开口边和封口边，翅膀朝开口边，而身体在封口边。

七、窗花

如果有时间，还可以学习一下窗花的制作。窗花的制作要注意纸的折叠，不同的花瓣数有不同的折叠方法。

四瓣型

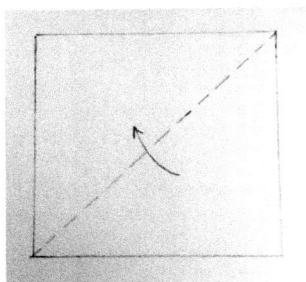 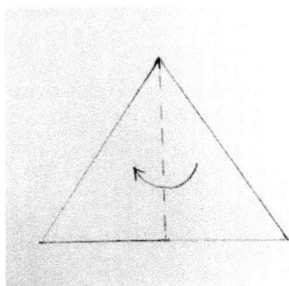 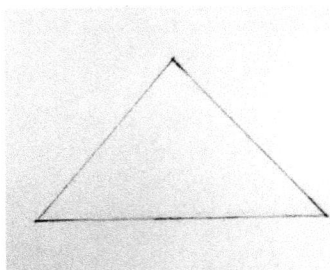

步骤 1   步骤 2   步骤 3

方法提示

四瓣型相对容易区分，最主要是花型的设计和边角的剪裁，要剪对位置。

五瓣型

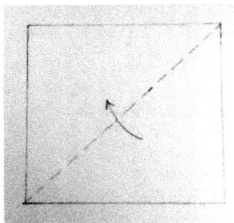 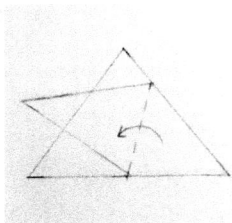 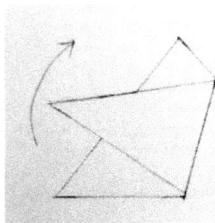 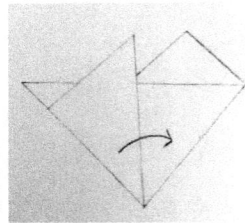

步骤 1   步骤 2   步骤 3   步骤 4

方法提示

按照导图上的方式折叠，注意分清开口边和封口边。

六瓣型

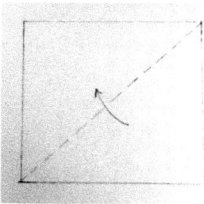

步骤 1

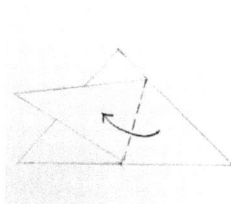

步骤 2

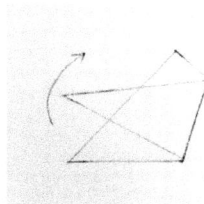

步骤 3

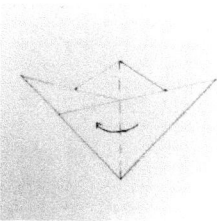

步骤 4

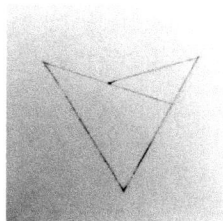

步骤 5

方法提示

六瓣型的窗花折叠很重要，一旦没有折叠正确，花瓣数就会出错。其次是图案的剪裁位置要正确，可以事先用铅笔画出准确的位置再剪。

八、灯笼制作

中国的新年有剪窗花的习俗，也有制作灯笼的习惯。老师可以教学生制作一个简单的中国灯笼。

方法提示

1. 材料和工具：剪刀、彩纸、胶水、玻璃杯

2. 步骤

Step 1：根据玻璃杯的高度和周长，将用于内部的卡纸剪成相应的尺寸。

Step 2：将彩纸对折，在纸高度的二分之一处对折。彩纸上下各留一定的宽度，根据折线剪开。

Step 3：用胶水沿玻璃杯顶部和底部，围绕卡纸粘贴，彩纸也沿着玻璃杯顶部和底部贴牢，然后抽出玻璃杯。

Step 4：将彩纸剪三条宽度适中的长条，分别贴于灯笼顶部、底部和顶部内侧两端。

小贴士

如果想把灯笼用于装饰桌面摆放，制作时可以不抽出玻璃杯，并点二一支蜡烛，放入玻璃杯里，烛光透过灯笼，更加鲜活。

九、红包制作

红包是中国的一种特色，尤其用于中国新年或婚礼送礼等场合。

方法提示

1.准备工具和材料：红纸、剪刀、胶水、笔。

2.取红纸一小块，将其剪成大小适宜的长方形。

3.将红纸沿着长度的方向从两方分别对折，结合的位置掌握在中间，然后用胶水将对折过来的即时贴粘到一起。这时，呈现出一个桶状。

4. 将桶状的红纸上下两头分别折一下，折的位置掌握在距边一厘米处。

5. 用剪刀分别沿着上下方对折的四角处，分别向外呈45°角剪去小块。这时，包包的两个开口就有了两层。

6. 剪去四个小角之后，再将上、下边的一层，折痕外的一块剪去，两个包口分别剩下一层长边，当然，剪去的一定是同一个方向的纸片。

7. 将纸的一面往里折进去，用胶水粘上，另一面暂时不粘，等将钱放进去之后，再用同样的办法封口。

8. 在红包上用汉语写上祝福语。

十、立体"春"字

中国新年的时候，老师教学生剪一个立体的春字，既美观，又应景，还结合了语言的学习，是一个不错的选择。

方法提示

1. 准备工具和材料：正方形纸，剪刀，胶水，铅笔。

2. 把纸的中线对折一下再打开，另一条中线对折再打开后翻过来。

3. 把两条对角线分别对折后再打开，按照折痕把两边向里折，形成三角形。

4. 把所有的边都折向一个方向，然后用铅笔在折好的纸上画上要剪的"春"字图样。

5. 用剪刀沿着铅笔的痕迹剪裁好（也可画上阴影部分，然后把阴影部分剪掉）。

6. 把剪好的"春"字打开，可以看到四个"春"字，用胶水把各边粘贴固定好。

一个简单的立体"春"字就成了。

老师还可以把中国的剪纸和传统折纸结合起来，尤其是在庆祝中国新年的课堂活动上，老师可以教学生用折纸的方式做金元宝、财神爷和红包鱼等，既简单又喜庆，不管是大人还是小孩儿，都很喜欢。

十一、学生作品展示

老师可以根据实际情况，在班上组织一个中国剪纸展。如果学校支持，还可以开展成学校的文化活动，并给予学生一定的奖励。

我的剪纸作品 My Paper-cutting Work

第五专题

中国书画
(Chinese Calligraphy and Painting)

板块一：书法

书法是古代汉字艺术的一种表现形式，传承至今，成为一种艺术。我们经常说，书法是线条的艺术（the art of lines），或是纸上的舞蹈。学生看到书法作品的第一反应都是"好酷好漂亮"。他们会用崇敬的眼光欣赏一幅艺术作品，即使看不懂写的是什么。

一、开门见山

（一）史上著名书法家及经典书法作品欣赏

中国历史上有名的书法家不少，老师可根据自己的判断适当选择介绍。我这里选取了几位比较有代表性的书法家。

王羲之，东晋著名书法家，被誉为"书圣"，他的《兰亭集序》也被称为"天下第一行书"。

王献之，东晋著名书法家，他以行书和草书闻名，与父亲王羲之合称"二王"。

欧阳询，唐代著名书法家，被称为唐人"楷书第一"。

颜真卿，唐代著名书法家，书法精妙，擅长行、楷，创"颜体"楷书。

怀素，唐代著名书法家，以"狂草"名世，史称"草圣"。

苏轼，北宋著名文学家、书法家、画家。他擅长行、楷书，主张"书无常法"，还主张要有见识、学识丰富才能使书法有长进。

我选取了一些书法家们的代表作，作为欣赏资源，如：《王羲之兰亭集序》(*Preface to the Poems Collected from the Orchid Pavilion*, Wang Xizhi)，《颜真卿颜勤礼碑》(*Inscription on the Tablet to Yan Qinli*, Yan Zhenqing)，《王献之中秋帖》(*Mid-autumn*, Wang Xianzhi)，《欧阳询九成宫醴泉铭》(*Stone Rubbing on the Liquan Spring Inscription at Jiucheng Palace*, Ouyang Xun)，《怀素自叙帖》(*Autobiography*, Huai Su)，《苏轼黄州寒食诗帖》(*Calligraphy Work at the Cold Food Day in Huangzhou*, Su Shi)，等。

当然，经典的书法作品远远不止这些，老师可根据课程实际安排选取。

（二）书法作品的形式

1. 手卷（hand scroll）

2. 条幅（vertically-hung calligraphy or painting scroll）

3. 对联（antithetical couplet）

4. 匾额榜书（calligraphy on an inscribed board）

5. 中堂（a central scroll of painting or calligraphy hung in the middle of the wall of a main room）

6. 扇面（covering of a fan）

（三）文房四宝：古人书房的必备品

笔（writing brush），墨（ink），纸（paper），砚（inkstone）。

如果老师平时练习书法，可展示一下自己的书法作品。我向学生展示了自己的作品，他们印象比较深刻。在后来学期结束之前谈到中国文化学习的感受中，学生们还提及，对老师写的书法作品，他们感觉更深刻直观，有亲切感。老师如果不写书法，也不要紧，可以事先打印或购买一些大师的书法复制作品，最好能包括各种字体，展示给学生。接下来老师可大概讲解一下不同时期的风格和代表人物，并结合书法中的几种基本字体的演变来介绍，即：

甲骨文 (Oracle Bone Script)

→金文 (Bronze Script)

→大篆 (Large Seal Script)

→小篆 (Lesser Seal Script)

→隶书 (Clerical Script)

→楷书 (Regular Script)

→草书 (Cursive Script)

→行书 (Running Script)

[可参考《海外汉语教师指南（教学与管理篇）》。]

同时，老师还可以结合汉字的演变和故事来讲。一些经典的有关汉字演变的水墨动画视频等，都可以作为学习的资源，有助于课堂的丰富和生动有趣。了解了书法的基本知识之后，老师可以把准备好的笔墨纸砚实物展示给学生，并向学生一一介绍书法中的文房四宝。如果老师准备了更多的实物，如毛毡、印章和印泥等，也可以一一向学生展示介绍。条件允许的话，老师当场给学生展示如何使用毛笔，并写几个毛笔字，也让学生实践一下。从我的经验来看，学生是非常喜欢尝试的。

二、实践体验区

（一）书法练习技巧

1. 观察字帖中的汉字结构，整字临摹。

2. 使用米字格或者九宫格。

3. 站立练习，两脚平放于地面上；或坐立练习，腰背要挺直，两臂自然撑开，手悬空，笔拿正，垂直纸面。

4. 坚持不懈，持之以恒。

✏️ **小贴士**

书法可以结合汉字一起教学，两者是密不可分的。老师可以在课堂上组织一次书法体验课，从一个字的作品开始，不要求多写，可以写学生自己的名字，或者学习过的词句，并评出奖项，看哪些学生的书法不错。老师也可以在学校做一次书法展览活动，也给学校其他师生一个了解书法的机会。

提示一下，关于毛笔墨汁等资源，一般学校或者各个部门都会有一定的经费给老师们组织活动，老师要学会和学校的负责人积极沟通。如果实在没有经费，老师可以咨询学生愿不愿意大家出钱购买。如果老师在孔子学院工作，孔院会提供一定的资源，但不是每个地方都能及时提供，老师可以在赴任之前准备一些，也可在当地的文具用品店或是网上买到。

（二）学生作品展示

我的书法处女作

My First Calligraphy Work

板块二：国画

国画即中国画，主要指的是用毛笔蘸水、墨、彩作画于绢、宣纸、帛上并加以装裱的卷轴画，是中国的传统绘画形式。

小贴士

我们经常讲中国书画，为什么把写字和画画放到一起说呢？我国的文字和绘画都起源于古代，以甲骨文为基础，所以有"书画同源"的概念，伏羲画卦、仓颉造字开创了书画之先河。这也是西方学生在最开始接触汉字和书法时，往往认为我们就是在画画的原因。同时，中国国画作品也经常与书法结合在一起。

一、题材分类

人物 people

山水 landscape of mountains and rivers

花鸟 painting of flowers and birds

二、技法形式

具象画　　写意画　　工笔画　　泼墨画

工具和材料：毛笔、墨、国画颜料、宣纸、绢等。

三、中国画注重哪些方面

笔 brush　　　　墨 ink　　　　色 color

讲解

用笔——有线描、勾勒、皴、擦、点染，笔用中锋、逆锋、藏锋、露锋、拖笔、破点等。

用墨——焦、浓、重、淡、清等各种墨色，运用时须各得其所，又有泼墨、破墨（即浓淡相生）等具体技法。

设色——白描：不设色，全用线条表现，或仅以淡墨、淡水色稍加渲染。重彩：一般指工笔重彩、勾勒填色、大青绿等。淡彩：以墨色为主调，敷以淡彩色。没骨：纯用色彩画，并不勾线（纯用墨点染，不勾勒的亦叫没骨）。

整体结构

构思——绘画之前的形象思维过程。

构图——画面各种物象的位置、比例、墨色等的安排。

收拾——画成以后再整体收拾，使之最后达到气韵生动的境界。

以形式分类

卷轴（horizontal scroll）

条幅（vertically-hung scroll）

中堂（central scroll hung in the middle of the wall of a main room）

扇面（covering of a fan）：包括折扇（folding fan）和团扇（circular fan）。

斗方（square-shaped sheet of paper for calligraphy or painting）

屏风（folding screen）

壁画（mural painting）

四、国画代表

水墨画（Chinese Ink and Wash Painting）

由水和墨经过调配浓度比例所画出的画，是绘画的一种形式，更多时候，水墨画被视为中国传统绘画，也就是国画的代表。墨为主要原料，按加水量的多少，分为浓墨、淡墨、干墨、湿墨、焦墨等，画出不同浓淡（黑、白、灰）层次，别有一番韵味，称为"墨韵"。

> **小贴士**
>
> **国画与西画的区别**
>
> * 中国画盛用线条，西洋画线条都不显著。
>
> * 中国画注重意境，西洋画注重透视法。
>
> * 中国画不讲解剖学，西洋人物画很重解剖学。
>
> * 中国画不重背景，西洋画很重背景。
>
> * 中国画题材以自然为主，西洋画题材以人物为主。

五、代表画家

顾恺之（348 — 409），东晋画家，代表作如《洛神赋图》。

唐伯虎（1470 — 1524），明代画家，代表作如《嫦娥图》。

郑板桥（1693 — 1765），清代画家，他一生只画兰、竹、石，如《兰竹芳馨图》。

齐白石（1864 — 1957），近现代中国绘画大师，擅长画虾，如《墨虾》。

徐悲鸿（1895—1953），现代画家，擅长画马，如《奔马图》。

张大千（1899—1983），中国泼墨画家，代表作如《蜀山春晓》。

📝 **小贴士**

讲故事会让课堂更加生动，老师在介绍画家之前可以讲一点有关画家的有趣故事，比如"唐伯虎点秋香"。

六、知识储备罐

国画中常常会出现一些代表中国文化内涵的植物，这些植物代表了中国文化的精神。不仅在画里，很多衣服的图案中也都会有它们的身影，如旗袍。老师可以利用这些知识点进行延伸教学。

（一）岁寒三友

松、竹、梅，经冬不凋，傲骨迎风，挺霜而立，因此有"岁寒三友"之称。

松 pine: 象征常青不老。

竹 bamboo: 象征君子之道。

梅 plum blossom: 象征冰清玉洁。

（二）花中四君子

plum　　　　orchid　　　　bamboo　　chrysanthemum

代表精神

梅：清丽淡雅、芳香袭人，具有傲霜凌寒的特征，一身傲骨。

兰：色淡香清，生于幽僻之处，故常被看作谦谦君子的象征。

竹：刚直、谦逊，不亢不卑，潇洒处世，常被看作不同流俗的高雅之士的象征。

菊：美丽绝俗，却不与群芳争艳，历来被用于象征恬然自处、傲然不屈、与世无争的高尚品格。

（三）文化资源链接

音乐《书画中国》；水墨画动画片《小蝌蚪找妈妈》《三个和尚》《猴子捞月》。

老师可以从国内带一些中国山水画的明信片，作为奖品奖励给学生。我采用过这个方式，学生们都很喜欢。

板块三：实践体验区

泼墨梅花

方法：用吹画和手指点画的方法。

> 用吸管进行吹画，吹画出梅花的树干和树枝。
>
> 用我们的小手指，点画出梅花漂亮的花瓣。

老师示范讲述吹画梅花的方法：先在作业纸下部适当位置滴几滴黑颜料，然后对着黑颜料往前吹，并稍稍改变吹的方向，可向上、向左或向右吹，慢慢吹出树枝的形态。吹好树枝后稍等一等，待干后，用手食指蘸上红印泥，在树枝的适当位置点画出梅花。老师需要提醒学生，注意画面干净、整洁，点画好后要用餐巾纸把手擦干净。

第六专题

中国京剧脸谱
(Facial Make-up in Peking Opera)

教授脸谱，首先要说到京剧。京剧的主要角色分为生、旦、净、丑四类，而"净"在舞台上是通过脸谱来呈现的。如何呈现呢？便是通过京剧脸谱的不同样式。老师可以首先通过图片、实物或视频，向学生展示京剧里的各种不同的角色，然后再展示各种京剧脸谱的样式，使学生对京剧脸谱有一个直观具体的概念。

板块一：理论通关

一、什么是京剧

京剧是中国五大戏曲剧种之一，腔调以西皮、二黄为主，用胡琴和锣鼓等伴奏，被视为中国国粹，它形成于北京，遍及中国。

京剧涉及文学、表演、音乐、唱腔、锣鼓、化妆、脸谱等各个方面．表现形式上有唱，有舞，有对白，有武打，有各种象征性的动作，是一种十分丰富的高度综合性的舞台艺术。京剧以虚实结合的表现手法，最大限度地超脱了舞台空间和时间的限制，以达到"以形传神，形神兼备"的艺术境界。

京剧表演的四种艺术手法（表演基本功）。

唱：歌唱 ⎫
念：音乐性念白 ⎬ 歌

做：舞蹈化的形体动作 ⎫
打：武打和翻跌技艺 ⎬ 舞

京剧唱腔分类：主要分为"西皮"与"二黄"两大类。

名段欣赏：贵妃醉酒、四郎探母、穆桂英挂帅，等等。

📝 **小贴士**

在学生欣赏前，老师可以大致介绍唱段的故事背景，以便学生理解。很多学生对京剧不了解，开始听时会觉得节奏慢，有时候唱词拖得比较长，学生也会比较疑惑，所以老师可以先选取节奏相对较快、也不是很长的唱段，以更符合学生的理解程度和欣赏审美，之后再逐步更深入地向学生介绍。

二、京剧舞台表演角色分类

生：主要是男性角色。

旦：主要是女性角色。

净：画有夸张脸谱的性格鲜明的角色。

丑：滑稽、可笑的小丑角色。

三、什么是京剧脸谱

京剧脸谱，是一种具有中国文化特色的特殊化妆方法。某个历史人物或某一种类型的人物都有一种大概的谱式，就像唱歌、奏乐都要按照乐谱一样，所以称为"脸谱"。

脸谱的主要特点：

1. 美与丑的矛盾统一；

2. 与角色的性格关系密切；

3. 图案的程式化。

小贴士

老师可以提供一些典型的脸谱图案供学生参考和欣赏，使学生在理解知识的同时有更直观的感受。

四、京剧脸谱样式

京剧脸谱有很多不同的样式，其中可以给学生介绍以下几种。

整脸（single-color style）：以一种颜色为主的面部。

三块瓦脸（tri-color style）：在整脸的基础上进一步夸张眉、眼、鼻的画片，用线条勾出两块眉，一块鼻窝。

十字门脸（cross-pattern style）：主色条和眼窝构成一个"十"字。

碎花脸（complex style）：色彩丰富、构图多样和线条细碎。

歪脸（imbalanced style）：勾法不对称，给人以歪斜之感。

此外，色彩是脸谱的语言，京剧脸谱通过不同的色彩展现不同的人物性格。京剧脸谱丰富多样，老师可以用图片带学生欣赏一些脸谱，并讲解不同色彩所表示的人物性格特征及代表人物。

五、脸谱颜色寓意

红色：代表忠诚和勇敢。

蓝色：代表刚强、阴险有心计。

黑色：代表正直、刚毅和智慧。

紫色：代表沉着威武、不媚权贵。

白色：代表奸诈和多疑。

黄色：代表勇猛而暴躁。

绿色：代表奋勇而莽撞。

金色：代表神仙高人。

六、脸谱颜色代表人物

红色代表人物：后羿、北斗、黄盖、荆轲、关羽。

黑色代表人物：包拯、张飞。

白色代表人物：曹操、孙权、欧阳芳。

紫色代表人物：薛霸、郎如豹。

黄色代表人物：豹精、英布、典韦、宇文成都。

金色代表人物：二郎神、如来、牛魔王。

绿色代表人物：窦一虎、赖团山、武天虬、绿剪鸟、程咬金。

蓝色代表人物：窦尔敦、雷公、敖闰。

在介绍脸谱颜色的同时，老师可以给学生讲一讲相关的京剧唱段里的著名故事，如诸葛亮、穆桂英等历史人物的故事，他们在京剧脸谱中的模样。需注意的是，旦角通常是不勾脸谱的，多是俊扮，只有个别女性角色才有脸谱，如钟无艳一角。老师可以在讲故事的同时做一些诠释，让学生对各种角色有更多的了解。学生喜欢听故事，好些学生对中国的历史很感兴趣，老师可以串讲一些中国的历史故事，调动学生的兴趣。

七、趣味故事

（一）草船借箭

诸葛亮是中国历史上忠臣与智者的代表人物，有很多脍炙人口的故事，草船借箭便是其中之一。该故事是三国赤壁之战里的著名桥段。周瑜故意提出借十万支箭，并限十天内造出。机智的诸葛亮一眼识破这是一条害人之计，却淡定表示，只需三天便可造出。后来，有大雾天帮忙，诸葛亮利用曹操多疑的性格，调了几条草船诱敌，终于借足十万支箭，立下奇功。

（二）穆桂英挂帅

穆桂英是中国古代四大巾帼英雄之一，也是个"杨门女将"。这是有关屡次率兵击溃辽军、保天下太平的杨家将的故事。安王造反，宋王校场选帅，少年气盛的文广、金花在校场刀劈王伦、夺得帅印。老年的穆桂英也披上旧日的铠甲，满怀豪情地擂响了出征的战鼓。

八、文化资源欣赏

歌曲《说唱脸谱》。

板块二：实践体验区

在介绍了整个文化背景知识之后，老师便可以开始教授学生制作脸谱，好些学生已经迫不及待地要动手了。如何教授学生制作脸谱呢？有以下几种方法。

方法一

老师在干净卡纸上打印好脸谱轮廓，组织学生涂色。如果学生比较喜欢绘画或绘画能力较强，可根据自己所选的脸谱样式，画出图案，然后参照样式上色。如：

方法二

老师可以用硬一点的纸壳，把脸谱画在纸壳上，剪裁成书签的大小，作为脸谱书签。

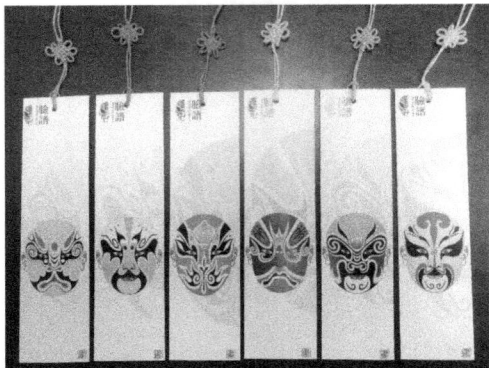

方法三

如果老师能买到纯白色的面具，可以让学生用不同颜色的颜料涂在面具上，做成京剧脸谱面具（一般亚马逊上或中国城有卖，老师方便的话也可以从国内带），万圣节的时候还可以用来角色装扮。

方法四

老师在鸡蛋壳上画出面具的样式，然后涂上不同颜色的颜料。

我的京剧脸谱作品展示

第七专题
中国陶艺
(Chinese Ceramics)

中国传统陶艺制作源远流长，已有几千年的历史，在某种意义上已成为中华文明的一个代名词。如今，现代陶艺深入人们的生活，以"陶艺吧"的形式进入大众的视野，无论大人小孩，都可以到陶艺吧里学习制作。其实，老师也可以把陶艺带进课堂。西方的孩子喜欢动手做东西，尤其是小学生，他们最喜欢的学习方式，就是动手创作自己的作品。

板块一：知识链接

一、陶瓷的故乡

我们的祖先和世界上一些国家和地区，如埃及、印度、希腊、波斯、西南亚的先民们，在长期的实践中发明了陶器。陶器的制作有近万年的历史，人类自从开始懂得制作陶器，各方面都发生了深刻的变化。正如恩格斯所说，"野蛮时代的最低级阶段，是由制陶术的应用开始的。"在制陶技术不断发展和提高的基础上，中国人发明了瓷器。陶瓷器的发明，不仅解决了人们生活问题，如生活用具、建筑材料等，还提供了艺术的享受。我们知道，陶瓷的故乡在中国，英语"china"若大写就是指"中国"，而小写就是指"瓷器"。

二、陶瓷三大古都

中国的陶瓷艺术荟萃在三大古都：景德镇、醴陵、德化。

三、著名陶瓷

（一）唐三彩

唐三彩是指中国唐代陶器上的釉色，后来也用来泛称唐代彩陶。唐代彩陶的釉色有很多种，但主要以黄、绿、白（或绿、赭、蓝）三色为主，所以称之为"三彩"。

代表作品：飞马、双鱼瓶、侍女等。

腾空马

有学生会问：为什么从图片上看，有的颜色并不是"三彩"的颜色？老师可以解答：因为其釉色互相渗化，加上年代久远，部分颜色会发生变化，并会产生新色。

用途：唐三彩主要用于随葬，即冥器和俑。

（二）青花瓷

青花瓷又称白地青花瓷，是中华陶瓷烧制工艺的珍品，也是中国瓷器的主流品种之一，属釉下彩瓷。青花瓷是用含氧化钴的钴矿为原料，在陶瓷坯体上描绘纹饰，再罩上一层透明釉，经高温还原焰一次烧成。钴料烧成后呈蓝色，着色力强、发色鲜艳、烧成率高、呈色稳定。原始青花瓷于唐宋已见端倪，成熟的青花瓷则出现在元代景德镇的湖田窑，明代青花成为瓷器的主流，到清康熙时发展到了顶峰。明清时期，还创烧了青花五彩、孔雀绿釉青花、豆青釉青花、青花红彩、黄地青花、哥釉青花等衍生品种。

（三）陶俑

陶俑是古代墓葬雕塑艺术品的一种。从东周至宋代的约一千五百年中，中国古俑盛行，其中最为著名的便是中外皆知的秦始皇陵出土的兵马俑，气势壮观，令人叹为观止。

老师可根据课程情况，选择或增加图片。

四、文化资源链接

歌曲《青花瓷》。

板块二：实践体验区

青花瓷等瓷器做工精细复杂，作为文化体验来说，制陶比较容易操作一些。

（一）制陶方法

手工陶艺的基本技法：捏（pinch），揉（knead），贴（stick），刻画（carve），镂空（hollow），压（press），搓（twine），盘筑（roll）。

不是每个学校都有制作陶艺的材料，若是找不到材料，老师可以用橡皮泥代替。

（二）相关英语资料阅读

Chinese Ceramics（China Online Museum 网站）

（三）学生阅读资料学习方式

1. 小组学习

老师可以以小组方式进行学习，要求学生用图片和文字诠释的方式做成一个导图，加上翻转教学卡片。然后做一份提问单，答案可以在翻转教学卡片里寻找；或者以小组方式进行阅读，并用图片和关键词做陈述（presentation），向全班展示。

2. 提问抢答

老师控制时间，要求学生阅读，然后老师提问，学生抢答，答对者可获得相应的分数。

中国文化平台

一、中国文化展览

老师可以和学校商量，搭建一处中国文化平台，做一次中国传统文化大荟萃的展示，把学生做的各种中国文化作品都摆放呈现出来，给他们一个学以致用、展示才能的机会。另外，有一些学校在学期末会有各国文化周，一些学区会有国际文化节，汉语老师可以提出建议，在活动中加入中国文化展示，让学习汉语和中国文化的学生也参与其中。或者联合整个学校语言部门，做一次多彩世界综合文化展览，让学德语、法语、西班牙语的学生和老师都参与进来，形成多元的文化交融学习交流模式。在一些比较保守的地区和学校，可能师生会更容易接受这种联合的方式。

DISCOVERY ZONE OF CHINESE CULTRUE

二、中国文化抢答赛

老师可以把课堂上所教过的中国文化知识串联在一起，举办一个中国文化抢答活动：过五关斩六将，不仅寓教于乐，还能达到复习文化知识的目的。

三、中国文化俱乐部

老师可以在学校或者学区内成立一个中国文化俱乐部，每个星期固定一个时间，分享和体验中国传统文化，加入讲座、讨论、表演、现场体验等不同环节，既丰富多彩又生动有趣。

四、中国文化活动周

在英国，学校的最后一周被称为 Activity Week（活动周），会有不同的活动组，体育的、阅读的、旅游的、语言文化的等。老师可以建议所在学校设立中国文化活动组，学生可以对中国语言文化进行了解和实践。我之前也是不断努力与学校沟通协商，才使中国文化活动周得以顺利进行的。

Chinese Project Week			
	Morning	Noon	Afternoon
Day 1	Basic Chinese Language Learning	Cooking Chinese Food	Chinese Martial Arts
Day 2	Chinese Calligraphy	Cooking Chinese Food	Peking Opera Facial Make-up
Day 3	Learning Chinese Songs	Cooking Chinese Food	Chinese Paper-cutting
Day 4	Tai chi Fan Dancing	Cooking Chinese Food	Traditional Chinese Painting
Day 5	Project Summary and Exhibition		

　　如果老师的教学条件更加充裕，还可以尝试添加其他内容，如制作陶俑、制作风筝、体验中国篆刻、体验刺绣等，可以根据老师自己和学校的教学条件和活动情况而定。

后记
最美的时光

黄色的树林里分出两条路，

可惜我不能同时去涉足，

我在那路口久久伫立，

我向着一条路极目望去，

直到它消失在丛林深处。

但我却选了另外一条路，

它荒草萋萋，十分幽寂，

显得更诱人、更美丽。

虽然在这两条小路上，

都很少留下旅人的足迹，

虽然那天清晨落叶满地，

两条路都未经脚印污染。

呵，留下一条路等改日再见！

但我知道路径延绵无尽头，

恐怕我难以再回返。

也许多少年后在某个地方，

我将轻声叹息把往事回顾。

一片树林里分出两条路，

而我选了人迹更少的一条，

　　从此决定了我一生的道路。

　　这是美国诗人罗伯特·弗罗斯特的诗歌《未选择的路》，我一直把它写在教学笔记的前页。每次翻开我的笔记，它都会提醒我自己所选择的道路。每个人都有自己的使命，或许我们每一位国际汉语教师也是被选择的人，散落在世界的各个角落，走上了一条语言文化交流的道路。这条道路有着各种耐人寻味的孤独和慰藉，这种不同的人生体验，让我感受到生命的重量。

　　国际汉语教师这个令人骄傲的职业，有着它自身的光环和辛酸，它让我体会到了前所未有的另一种存在方式。很多人曾问过我，选择这样一条路，远离家人、身在异国他乡，甚至还要孤军奋斗，最难的是什么？我想，大概是孤独，而最基本的就是饮食孤独。中国人常说，民以食为天，可在异国他乡，并不是时刻都能吃到正宗的中国菜，在有些偏僻的地方，甚至连做中国菜的佐料都很难买到。或许有人对饮食孤独不以为然，但饮食包含的其实不仅仅是味觉上的情感，饮食也是我们身份认同的标志之一，它承载着文化最外显的形式。当异国他乡的人不能用我的语言和我沟通，也不能用我的文化方式去理解我的时候，莫名的孤独会困扰我的心。但是，正是有了这种对人生孤独的体验，才有了愈加强烈的想要更多人了解和理解我的愿望，也会对语言文化传承有更加深刻的理解。责任和使命的内涵更加清晰地烙印在我的心中，而我的内心也才有了更大的包容性，这是人生中一笔无与伦比的珍贵财富。

　　我相信，我们所做的事，都有着特定的价值，而这种价值也正在潜移默化地发挥它应有的作用。所以，不管遇到什么困难和挑战，我都会认真对待每一堂课和每一名学生，把每一堂课都看作心灵的沟通，把每一名学生都看作文化的传承者。我坚信，星星之火，可以燎原。这种信念强化着我内心的使命感和归属感，令我不怕困难，勇往直前。正如许嘉璐先生在其著作《未央集》上为我题的词所说：“愿和你一起成为中国文化的唤醒人。”我知道，我们每一个人都只是时代中的沧海一粟，但正是千千万万的沧海一粟造就了世界的多彩和不同。我相信，我们当下所经历的每一刻，都是人生中最美的时光。这最美的时光，也在唤醒我自己和为国际汉语文化事业奋斗的所有人！

叶颖颖

2017 年 12 月 于英国

策划编辑：韩　颖

责任编辑：李婷晓

英文编辑：吴爱俊

封面设计：王新乐

图书在版编目（CIP）数据

海外汉语教师指南（语言与文化篇）/ 叶颖颖著 . — 北京：华语教学
出版社，2017.12
　ISBN 978-7-5138-1470-6

　Ⅰ．①海⋯　Ⅱ．①叶⋯　Ⅲ．①汉语—对外汉语教学—教学参考资料
Ⅳ．① H195.4

中国版本图书馆 CIP 数据核字（2017）第 275341 号

海外汉语教师指南（语言与文化篇）

叶颖颖　著

*

© 华语教学出版社有限责任公司

华语教学出版社有限责任公司出版

（中国北京百万庄大街 24 号　邮政编码 100037）

电话：(86)10-68320585, 68997826

传真：(86)10-68997826, 68326333

网址：www.sinolingua.com.cn

电子信箱：hyjx@sinolingua.com.cn

北京京华虎彩印刷有限公司印刷

2018 年（16 开）第 1 版

2018 年第 1 版第 1 次印刷

ISBN 978-7-5138-1470-6

定价：59.00 元